병원 · 요양병원에서 ChatGPT 바로 쓰기

Osa Eiichiro 지음
김영설 옮김

도서출판 대한의학

역자 서문

챗GPT에 질문을 툭 던지고 대답을 듣는 대화를 하다 보면 대가(大家)를 만나는 기분이다. 어쩐지 쉽게 생각나지 않는 의문에 범인(凡人)이 미처 생각하지도 못했던 다양한 분야와 때로 심층적 내용을 날카로운 시각에서 대답을 들으면 놀라운 기분이 드는 동시에 '어쩜 이렇게 얄밉지' 하는 느낌을 받는다. 그러나 이렇게 훌륭한 답변을 듣기 위해서는 단순한 정보 검색이 아니라 챗GPT에 뚜렷한 역할을 주고, 들으려는 대답의 범위와 형식을 정하여 질문해야 한다고 말한다. 이런 과정을 프롬프트 엔지니어링이라고 해서 특별한 기술처럼 여겨져서, 항상 전문적이며 복잡한 업무가 이루어지는 병원에 챗GPT 접근이 쉽지 않을 것으로 오해하여 병의원에서 크게 이용되지 못하고 있었다. 그러나 노동집약적으로 손이 많이 가는 병원 업무를 자동화하고 일상적으로 반복되는 귀찮은 일을 챗GPT에 의뢰할 수 있다는 놀라운 사실이 계속 알려지며 상황은 한꺼번에 바뀌었다.

이 책에서는 누구보다 먼저 병원과 요양병원 업무에 챗GPT 도입을 시도하여 업무의 효율화에 성공한 생생한 사례를 보여주고 있다. 챗GPT가 어려울지 모른다는 기분이 들어도 이 책에서 제시한 프롬프트(명령문)를 따라 하면 병원이나 요양병원 업무에 바로 적용할 수 있는 지침을 얻을 것이다. 일상 진료에서 방대한 검사 결과를 챗GPT를 이용하여 올바르게 해석하는 방향을 찾거나, 검사 결과를 환자의 눈높이에 맞추어 알려주기 위한 좋은 해설도 챗GPT를 이용하여 들을 수 있을 것이다. 항상 일손이 부족한 병원이나 요양병원에서 챗GPT를 활용하면 능란한 직원을 둔 것처럼 업무의 향상이 일어날 것으로 생각한다. 실제로 병원 업무에 챗GPT를 사용해 보면 그 유용성에 매우 놀라게 될 것이므로 많은 병원, 요양병원에서 활용되기를 기대한다.

챗GPT는 하루가 다르게 매일 발전하고 있다. 얼마 전 시작된 chatGPT-4o는 멀티모달 AI라고 알려졌으며 기존 챗GPT보다 빠르고 똑똑하다고 한다. 이 책에서 소개한 챗GPT를 따라 하기에 실제 상황에서 다소 차이가 나는 점도 있겠지만 기본적 운용은 비슷하므로 계속 사용하다 보면 익숙해질 것으로 생각한다. 이렇게 챗GPT를 사용하면서 사용 기술과 범위를 넓혀가는 것도 챗GPT의 매력이다. 챗GPT의 발전은 스마트폰이 방대한 "앱"을 이용하여 활용도가 폭발적으로 증가했듯이 이제 챗봇을 제작하고 공급하기 시작하며 산업혁명만큼이나 거대한 지능혁명이 온다고들 말한다. 병원 업무에 챗GPT 적용이 필수적인 시대가 가까워지고 있다는 기분이다.

병원이나 요양병원에서 챗GPT를 쉽게 시작하여 업무에 도움이 되면 좋겠다는 생각에서 이 책을 번역했으나 부족한 부분이 많다. 실제로 병원 업무에 적용하여 크게 성공한 좋은 결과를 소개하는 전문 서적이 나오기를 기대한다.

2024년 7월

경희의대 명예교수 **김영설**

시작하며

ChatGPT (GPT-4)의 등장은 2023년 봄 코로나 감염이 진정되기 시작하려는 때였다. 마치 미지의 나라에서 온 외국 함선의 출현 같은 충격을 받았다. 신문이나 텔레비전 등 미디어에서 그 존재를 날마다 보도하는 상황이 되었다. 이것은 새로운 시대의 개막을 알리는 순간이었다.

나 자신도 그런 신시대의 궤도에 오르려는 한 사람으로 ChatGPT라는 이름의 새로운 파트너를 만났다. 말은 하지 않지만 일하는 태도가 우수한 비서를 채용한 것 같았다. 셀 수도 없이 많은 페이지의 PDF를 요약하고, 강연 개요 작성, 영향력 높은 라디오 대본 생성 등 ChatGPT의 역할은 내 일상에서 떼어낼 수 없는 것이 되었다.

처음으로 ChatGPT를 시도했을 때 겉보기에 '단순한 채팅'을 한다는 느낌이 들었으며, 이런 AI가 의료 분야에 주는 영향은 별로 크지 않을 것으로 생각했다. 시험 삼아 내 이름 '오사 에이이치로(長 英一郎)'를 검색해도 '와시오 에이이치로우(鷲尾 英一郎)'가 표시되었고, 오늘의 날씨조차 가르쳐 주지 못했다. 그러나 시간을 두고 계속 사용하자 Google 검색과는 전혀 다른 도구라는 존재를 깨닫게 되었다.

ChatGPT는 24시간 비서이며 일상에서 귀찮다고 느끼는 다양한 일상적 업무를 효율적으로 수행해 준다. 아마 나와 같은 사무 작업뿐 아니라, 병원이나 요양병원의 업무 일부를 효율적으로 대신해 줄 가능성이 있다. GPT-4가 발표되고 3개월 동안 새로운 도구로서 ChatGPT 이용 가능성에 대해 몇 개의 아이디어를 시도하였으며, 편리한 사용법을 Facebook이나 X(예전 Twitter)에 공유했다.

그러자 Facebook을 통해 요양병원 직원으로부터 많은 피드백을 받았으며, ChatGPT가 의료나 요양업무에 확실히 활용할 수 있다는 가능성을 실감했다. 특히 임상 현장에서 병명의 예측이나 간호사의 근무표 작성 등에 가능성을 느꼈다. 환자도 더 많은 의료 정보를 입수할 수 있게 되어 환자와 의사 관계마저 새로운 형태로 바꿀 가능성이 있다고 생각한다.

ChatGPT 사용법은 이미 많은 책에 소개되어 있다. 이런 설명서 같은 책은 기본적 사용법을 누구나 이해할 수 있는 형태로 알려주고 있다. 그러나 특히 의료 현장에서 활용 방법에 대해 초점을 맞춘 책은 아직 많지 않다. ChatGPT 정보 자체는 날마다 갱신되어 유동적 부분이 많지만, 명령문을 만드는 방법이나 의료 현장에서 구체적 활용 방법에 대해서는 보편적 부분이 많이 있다고 생각하여 이 책을 쓰는 계기가 되었다.

일본에서는 2024년 4월부터 의사의 업무개혁이 시작되어 의사의 잔업 시간을 얼마나 줄일지 문제가 되고 있다. 의사의 업무에는 환자와의 대화로부터 섬세한 사무 작업까지 매우 다양하다. 그중에는 진료기록 쓰기나 진료 의뢰서 작성 등 서류 작업이 많이 포함되어 있다. 「병원 근무의의 근무 실태에 대한 연구」(2017년)에 의하면 의사의 진료 시간에 차지하는 사무 작업 시간이 21% 정도를 차지하여 상당한 부담이 되는 것으로 알려졌다. 병원에 따라 의사 스스로가 당직표를 작성하기도 하는 것 같다. ChatGPT를 의료 현장에서 활용하여 일상적 업무의 효율화를 통해 의사가 환자와 만나는 시간을 늘릴 수 있으면 좋겠다고 생각한다.

이 책 1장은 내가 강연했던 내용을 글로 쓰고 편집하여 게재했다. 실제로 글로 쓰고 교정하는 첫 단계를 ChatGPT로 했으며 그 후 추가 및 수정했다. ChatGPT를 사용하지 않았다면 한 달이라는 짧은 기간 안에 출판할 수 없었을 것이다.

2-4장에서는 1장에서 많이 다루지 못한 요양병원 업무를 포함했다. ChatGPT 활용 사례는 현장의 여러분과 대화를 통해 활용 사례를 살펴보았다.

이 책에는 그림 이외에 QR코드를 게재하였다. QR코드를 이용하여 동영상이나 명령문 샘플에 접근할 수 있으므로 활용하면 좋겠다고 생각한다.

2023년 7월

오사 에이이치로

목차

1장

ChatGPT를 비롯한 AI 사용법과 실례

ChatGPT에 대해 전혀 들은 적이 없는 사람도 있을 것으로 생각한다.

ChatGPT는 AI의 일종이며, 사람처럼 텍스트를 이용하여 대화할 수 있는 컴퓨터 프로그램이다. ChatGPT는 마치 도서관에 있는 수많은 정보를 꺼낼 수 있는 사서와 같은 존재다. ChatGPT는 몇백만 권의 책을 한순간에 읽어 그것을 근거로 정보를 제공할 수 있는 능력을 갖추고 있다.

그러나 **이 ChatGPT를 잘 활용하기 위해서는 명령문을 만드는 방법을 배울 필요가 있다.** 이것은 마치 새로운 외국어를 배울 때 문법이나 어휘를 배우는 것과 닮았다. 이 책을 통해 그 방법을 함께 배워 간다.

ChatGPT의 주제에 들어가기 전에 최근 AI의 경향을 소개한다.

1 여기까지 진화한 AI

(1) 진짜와 가짜를 구별할 수 없다

사진은 정지화면이지만 이것이 움직여 마치 내가 이야기하는 것처럼 움직일 수 있다. 아직 움직임이 부자연스러워 진짜와 가짜가 구별되지만, 소프트웨어에 따라서는 구별이 되지 않을 정도로 정밀도가 높은 것도 있다.

YouTube 동영상「움직이는 예술! AI 영상 애니메이션의 세계: 강연 인사」

다음은 사진을 가공하는 기술이다. 내가 사무실에 있는 왼쪽 사진(before)을 가공한 것이 오른쪽 사진(after)이다.

Adobe Firefly라는 소프트웨어를 사용하여 가공하였으며, 다음과 같은 2가지 문장으로 지시하였다.

① 산이 보이는 호화로운 응접실
② 책상 위에는 MacBook, 펜라이트, 꽃병이 있다.

지금까지 스마트폰 앱으로 사진 밝기를 바꾸거나 배경을 바꾸는 정도 수준까지 할 수 있었는데, 이제 매우 정교한 가공을 할 수 있게 되었다. 마치 자신이 찍어 온 사진처럼 복제품을 만들 수 있다.

(2) 마차에서 자동차로 진화

ChatGPT와 같은 AI의 출현과 활용은 마차에서 자동차로의 변천을 닮았다. 마차는 오랫동안 이동 수단으로 사용되었지만 자동차의 출현으로 더 효율적이고 빠른 이동이 가능하게 되어 사람들의 생활은 크게 변화되었다.

이처럼 AI에 의해 업무뿐 아니라 생활도 크게 변할 것이라고 생각한다.

덧붙여서 다음 영상은 Microsoft에서 제공하는 BingImageCreator를 사용하였다.

Microsoft Bing「마차에서 자동차로 변천」이라는 명령문으로 영상 제작

BingImageCreator도 그렇지만 Adobe Firefly로 제작한 영상은 저작권법 저촉 없이 사용할 수 있다. Microsoft 이용 규약에 다음과 같이 쓰여 있다.

「**Microsoft는 온라인 서비스에 제공한 콘텐츠에 대해 고객에게 소유권을 주장하지 않는다**. 다만 고객이 콘텐츠를 투고하거나 보낼 때 Microsoft나 관련회사, 제3자 파트너에게 그 사업 운영 관련 목적의 캡션, prompt, 작성물, 및 관련 콘텐츠 사용에 허가가 필요하다. 여기에는 콘텐츠의 복사, 배포, 송신, 공개 전시, 복사, 편집, 번역, 번안, 포맷 변경 등의 권한이 포함된다.」

(3) 병원에서 ChatGPT 인지도는 어느 정도?

ChatGPT에 대해 2023년 3월 27일부터 28일에 걸쳐 설문조사를 시행했다. 20대에서 60대 남녀를 대상으로 한 조사에서 ChatGPT에 대해 자세히 설명할 수 있다고 대답한 사람은 10% 정도, 이름은 들은 적이 있다는 대답이 26%였다.

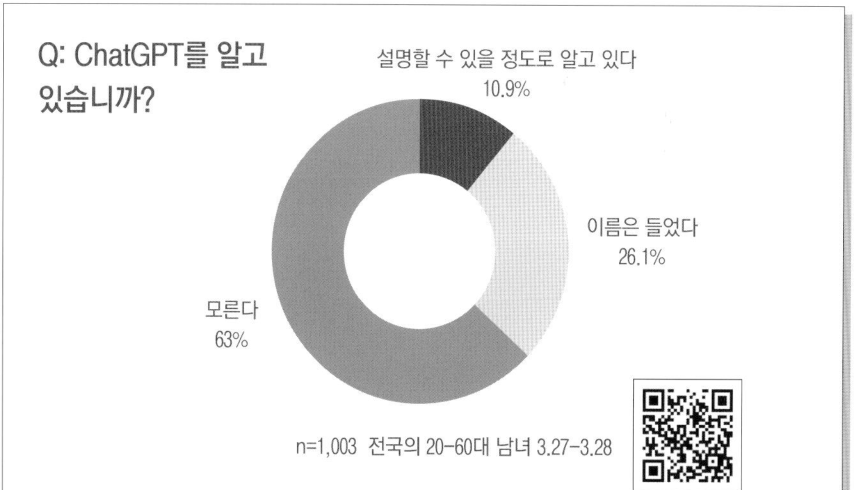

내가 고객 병원에 방문하여 경영자에게 이야기할 때 들은 감각으로는 '설명할 수 있을 정도는 알고 있다'가 대부분이라는 느낌이다. 아마 **경영자는 인건비에 대한 문제 의식을 가지고 있으며, 제한된 인원으로 생산성을 올리는 것에 관심을 갖고 있기 때문**이라고 생각한다.

(4) 지금까지의 디지털화와 무엇이 다른가?

병의원, 요양병원에서 지금까지 전자의무기록이나 보험수가청구 소프트웨어 도입 등 다양한 디지털화를 시행하고 있다. 종전의 디지털화와 ChatGPT는 다른 점은 다음 4가지다.

① 설비투자가 적다

병원에서 전자의무기록 도입 비용으로 수억 원, 갱신 비용으로 수천만 원, 유지 비용으로 연간 수백만 원이 드는 일이 있다. 의원에서는 좀 더 싸게 도입할 수 있지만 그래도 고액인 것은 차이가 없다. 이에 비해 ChatGPT에는 초기 비용이 없고 유료판 이용에도 매달 비용은 불과 22달러다. 재정에 부담이 되는 의원, 요양병원에서도 충분히 투자 가능하다.

② 범용성이 높다

MRI나 CT 등의 의료 기계는 의사나 방사선기사 등 제한된 직종에서만 사용한다. 이에 비해 ChatGPT는 의사나 간호사 등의 의료인뿐 아니라 요양보호사 이외에 사무직원을 포함하여 모든 직종이 이용할 수 있다.

③ 조작이 비교적 간단

RPA※의 경우는 프로그래밍 지식이 필요하여 병원이나 요양병원이 스스로 개발하기는 매우 어렵다. 이에 비해 ChatGPT는 프로그래밍에 대한 전문 지식이 없어도 충분히 조작 가능하다. 다만 뒤에서 설명하듯이 명령문(prompt) 작성에 궁리가 필요하다.

※ 사람이 PC에서 일상적으로 시행하는 작업을 사람이 시행하는 것처럼 자동화하는 것

④ 기득권이 적다

전자의무기록의 표준화에는 각 기업의, 온라인진료에는 대면진료 의사의 기득권이 있다. 그러나 ChatGPT는 완전히 새로운 AI 기술이며 기득권이 없다. Google 검색처럼 국가나 정부 기관이 금지할 수 있는 것은 없다.

2 ChatGPT 사용법

(1) 공식사이트, 앱의 사용

ChatGPT의 실제 페이지를 보자.

PC에서 ChatGPT를 사용하려면 어느 페이지로 들어가면 좋을까? 'ChatGPT' 라고 검색해도 공식 사이트가 가장 먼저 나오지는 않는다. **'OpenAi ChatGPT' 라고 검색해야 비로소 ChatGPT 공식 페이지에 들어갈 수 있다.**

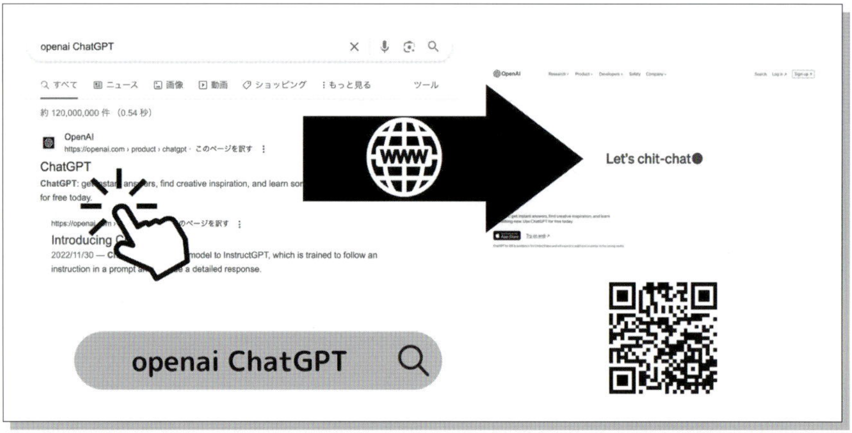

ChatGPT는 비슷한 페이지가 상당히 많다. 우선 공식 사이트에 액세스하는 것이 중요하다.

ChatGPT의 기본 사용법은 YouTube에 다양한 동영상이 있으므로 각자 검색해서 참고해 보면 좋을 것이다.

PC뿐 아니라 스마트폰의 앱으로도 ChatGPT를 사용할 수 있다. PC로는 음성 입력은 할 수 없지만 스마트폰으로는 보다 간편하게 음성 입력을 할 수 있다. 스마트폰의 앱에도 가짜가 많기 때문에 주의가 필요하다. 아래 QR코드에서 다운로드하면 좋다.

안드로이드 앱 iPhone 앱

(2) 무료판과 유료판의 어느 쪽이 좋을까?

이제 ChatGPT의 페이지를 실제로 열어 보자. GPT-3.5, GPT-4, GPT-4o를 선택하는 화면이 나온다. GPT-3.5는 무료판, GPT-4가 유료판이다.

무료판과 유료판의 차이를 보면, 유료판을 사용하면 GPT 탐색에서 다양한 확장기능을 이용할 수 있고 무료판에서는 이용할 수 없다. 최신 정보를 얻기 위해서는 browse(브라우저) 기능을 이용하며(2023년 7월 현재 일시 중지) 이것도 유료판만 기능하다. AI학습에 사용하는 정보량(모집단)은 유료판이 100조 개로 무료판의 1.75조 개를 크게 웃돌아 대답의 정확성이 높아진다(2023년 7월 현재).

	GPT-3.5	GPT-4
모집단(정밀도)	약 1.75조 개	약 100조 개
입력 가능 문자 수	5,000 문자	25,000 문자
요금	무료	유료(월 22달러)

만약 업무용으로 사용한다면 **유료판을 추천한다. 매달 22달러이지만 하루 종일 시간제한 없이 고정급료로 일해 주는 우수한 비서라고 생각하면 싼 것이다.**

(3) ChatGPT를 사용하기 위한 환경

ChatGPT를 병원에서 활용하기 위해서는 우선 인터넷 환경이 필요하다. 이것은 ChatGPT가 정보를 제공하기 위해 인터넷을 통해 대량의 정보를 끌어오기 때문이다.

일부 병원에서는 전자의무기록을 인터넷에서 분리하여 오프라인 환경에서 운용하고 있다. 그러면 전자의무기록용 PC로는 ChatGPT에 직접 액세스할 수 없다. 이런 경우 전자의무기록 PC와 별도로 인터넷에 접속 가능한 PC를 설치하는 방법이 있다. 또 스마트폰의 이용도 선택사항의 하나다. 스마트폰은 간편하게 인터넷에 액세스할 수 있어 ChatGPT 활용에 적합하다.

이상적으로 전자의무기록 PC가 인터넷에 접속할 수 있으면 문제가 없지만 환자 정보 보호의 관점에서 어려울 수도 있다.

(4) Google 검색과 다른 점

"일본 총리는 누구인가?"라고 질문했을 때 ChatGPT에서 정확한 대답이 나오지 않는다.

명령문

일본 총리는 누구인가?

GPT

죄송하지만, 내 지식 갱신은 2021년 9월까지이며 그 이후의 정보는 제공할 수 없습니다.

따라서 2023년 6월 현재 일본 총리가 누구인지 대답할 수 없습니다. 최신 정보를 얻기 위해서는 신뢰할 수 있는 뉴스를 보거나 인터넷으로 검색하세요.

이것은 **ChatGPT가 수집한 정보가 기본적으로 2021년 9월 말까지라는 것이며** 그 이후의 정보는 갱신되지 않았기 때문이다.

한편 Google의 AI인 Bard를 활용하면 '키시다 후미오'라는 대답을 얻을 수 있다. 따라서 ChatGPT는 검색으로 만족하지 못하는 점이 있다. ChatGPT를 단순히 Google 검색처럼 사용할 수도 있지만 실제 용도는 뒤에서 설명하는 대로 아주 편리한 도구다.

ChatGPT가 최신 정보를 획득할 수 없는 단점은 확장기능이나 Google의 Chrome 기능으로 보충할 수 있다.

경우에 따라서는 Google 검색을 이용하기도 하며 특히 단어 검색 등이다. ChatGPT에서 '일본의 총리'라는 질문만으로는 우리가 기대하는 대답이 나오지 않는다. 반면 문장 단위로 질문하면 ChatGPT 쪽의 대답이 자랑할 만한 내용일 수 있다.

Google 검색과 ChatGPT의 큰 차이는 ChatGPT에서 대화가 가능하다는 점이다. **무엇을 물어 보고 그 대답에 대해 다시 추가로 묻는 것이 가능**하다. 일본 총리의 정보가 2021년 9월까지라고 했으니까 추가로 '2021년 4월 현재 총리는 누구인가?'라고 묻는 것이다.

Google 검색에서는 출전이 표시되지만 다음과 같이 **'Browse with Bing(브라우저 기능)'을 사용하여 최신 정보를 검색**할 수 있다. 브라우저 기능을 사용하기 위해서는 「GPT-4」→「Browse with Bing」의 순서로 클릭한다(2023년 7월 현재 일시적으로 중지).

Model: GTP4

일본 총리는 누구인가?

죄송하지만 내 지식 갱신은 2021년 9월까지이며 그 이후의 정보는 제공할 수 없습니다.
따라서 2023년 6월 현재 일본 총리가 누구인지 대답할 수 없습니다. 최신 정보를 얻기 위해서는 신뢰할 수 있는 뉴스를 보거나 인터넷으로 검색해 주세요.

그러면 2021년 4월 현재의 일본 총리는 누구인가?

2021년 4월 시점의 일본 총리는 스가 요시히데(Suga Yoshihide)입니다. 그는 2020년 9월 아베 신조의 후임으로 수상에 취임했습니다. 다만, 그 후의 정치 상황은 내 지식이 갱신되지 않아 최신 정보를 제공할 수 없습니다.

'2023년 6월 현재 일본 총리는 누구인가?'라고 질문하면 '2023년 6월 현재 일본 총리는 키시다 후미오입니다'라고 올바른 대답과 함께 참조 홈페이지 링크를 표시한다.

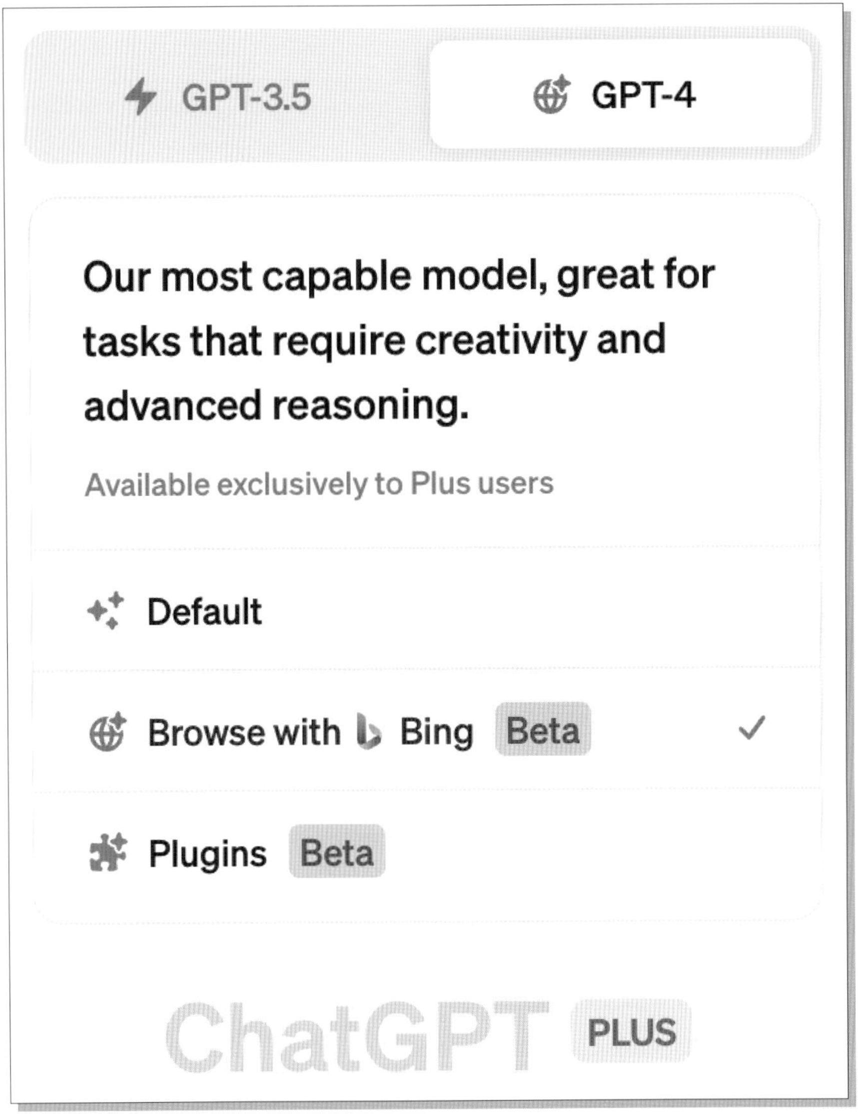
GPT-3.5
GPT-4
Our most capable model, great for tasks that require creativity and advanced reasoning.
Available exclusively to Plus users
Default
Browse with Bing Beta
Plugins Beta
ChatGPT PLUS

Google의 Bard나 마이크로소프트의 Bing도 ChatGPT와 비슷한 AI 서비스이며 각각 다른 특성이 있다. 나도 다양하게 사용하고 있지만 Bard나 Bing은 그렇게 자주 이용하지 않는다.

Bard나 Bing이 ChatGPT와 비교하여 뚜렷하게 우수한 점이 있다고는 생각하지 않는다. 업무에 활용한다고 해도 별로 이용하고 있지 않는 실정이다. Bard가 세계적 Google의 서비스이므로 장래 ChatGPT를 추월하기를 기대해 본다. 2023년 7월 시점에서 ChatGPT가 가장 사용하기 쉽다고 느끼고 있다.

ChatGPT를 확장해 나가면 Google 검색과 큰 차이가 없게 된다.

Google 검색과의 차이

	ChatGPT	Google 검색
최신 정보, 고유명사	△	○
대화	○	×
출전	△	○

(5) 효과적 명령문(prompt)을 만드는 방법

이것은 이 책의 결론과 같다. **ChatGPT에서 가장 중요한 것은 명령문(prompt)이다.** 명령문에 따라 질문자가 요구하는 대답에 가까워지게 된다. ChatGPT에서 기대하던 대답을 얻을 수 없으면 명령문에 문제가 있는 경우가 많다.

예를 들어 ChatGPT에 **'…에 있다'를 '…입니다'로 바꾼다**는 명령문을 보자. 이 명령문이 단지 '다음 문장을 읽기 쉽게 정리해 줄 수 있을까?'라는 추상적 표현이면 기대하는 대답을 얻을 수 없다.

명령문

다음 문장의 말투 '…에 있다'를 '…입니다'로 끝나는 어투로 바꾸어 줄 수 있을까?

➡ 일본은 본격적으로 '저출산고령화 · 인구 감소 시대'를 맞이하는 역사적 전환기에 있고, 앞으로 인구 동태의 변화나 경제사회의 변화를 대비하여, 목표로 해야 할 장래의 방향성을 고려할 필요에 있다. '저출산 · 인구 감소'의 흐름을 바꾸는 것과 동시에, 두꺼운 중간층을 형성하여 앞으로도 계속되는 '초고령사회'에 대비하여 지속 가능한 사회 보장 제도를 구축할 필요에 있다.

GPT

일본은 본격적으로 '저출산고령화 · 인구 감소 시대'를 맞이하는 역사적 전환기이며, 앞으로의 인구 동태 변화나 경제사회 변화를 응시하여 목표로 해야 할 미래의 방향성을 생각해야 합니다. '저출산 · 인구 감소'의 흐름을 바꾸는 동시에 중간층을 두껍게 만들어 앞으로도 계속될 '초고령사회'를 대비한 지속 가능한 사회 보장 제도 구축이 요구됩니다.

ChatGPT는 문장 작성이나 오자, 탈자 수정 등을 자랑하고 있으며 **지정한 문자 수 이내의 문장을 만들도록 요구**하는 것도 가능하다. 또한 문장의 마지막에 **문자 수를 표시하도록 지시할 수도 있다.**

명령문

다음 문장을 100문자 이내에서 요약하고 마지막에 문자 수를 표시해 주세요.

➲ 비대면진료 등은 환자의 주택 등과 의료기관의 거리, 이동 수단, 환자의 심신 상태 등 때문에 빈번한 이동이 어려운 경우에 통원에 동반한 부담을 경감하는 이외에 장기간에 걸쳐 반복 통원이 필요한 만성질환(난치병 등을 포함한다.)의 치료에 대해, 정기적이며 직접적인 대면진료의 일부를 비대면진료로 대체하여 의사 및 환자의 편리성 향상을 모색하거나 정기적이며 직접적인 대면진료에 비대면진료를 추가하여 의학 관리의 계속성이나 복약 순응도 등의 향상 시도를 쉽게 한다.

GPT

비대면진료는 통원이 어려운 환자의 부담 감소나 만성질환 치료의 계속성 향상에 도움이 됩니다. 특히 의료기관 접근에 제한이 있을 때 상호 신뢰 관계에 근거한 의사의 판단에 유용합니다. (문자 수 : 77개)

ChatGPT는 구체적이며 자세하면 자세할수록 우리가 기대하는 대답을 내준다. 문자 수를 지정하거나 **문자 수 표시 요구는 흔히 사용하는 명령문의 조건**이다.

다음에 비대면진료의 장점과 단점에 대해 질문해 보자.

명령문

비대면진료의 장점과 단점을 각각 3개를 들어 표 형식으로 대답해 주세요. 2열은 장점, 3열은 단점으로.

GPT

	장점	단점
1	접근성: 집이나 온라인 등 환자가 진료받는 장소를 자유롭게 선택한다. 먼 거리에 있는 사람이나 의료 서비스를 받기 어려운 사람도 쉽게 진료받을 수 있다.	기술적 문제: 인터넷 접속의 문제나 기술적 어려움이 발생할 가능성이 있다. 모든 환자가 적절한 기술을 가진 것은 아니며, 기술 사용 능력이 다르다.
2	시간 절약: 대기 시간이 적고, 교통 수단을 이용하여 의료기관으로 이동하는 시간이나 비용을 절약할 수 있다.	진단의 정확함: 물리적으로 검사를 할 수 없기 때문에, 진단의 정확도가 대면진료보다 낮을 가능성이 있다.
3	감염병 위험 감소: 특히 전염병 대유행 상황에서 비대면진료는 감염 위험 감소에 유용하다.	인간 관계의 결여: 비대면진료는 환자와 의사 사이의 개인적 연결이나 커뮤니케이션이 어려울 가능성이 있다.

장점과 단점의 대답은 ChatGPT가 자랑하는 점이다. '3개를 들어'라고 했지만, **'조목별로 나누어 쓴 글 3개를 들어'**라고 지시해도 좋다. 문장뿐인 간단한 표로 대답이 가능하므로 '표 형식'으로 출력을 지시했다. '표 형식'의 출력 지시에 '2열은 장점, 3열은 단점' 등 구체적으로 표의 내용도 지시하면 좋다.

이 책 제작 당시 CharGPT는 간단한 도표 작성만 가능했다. Microsoft의 Copilot은 ChatGPT는 Excel을 통합하여 ChatGPT 사이트에서 명령문을 입력하지 않아도 Excel에 명령문을 입력하여 복잡한 그래프를 작성할 수 있게 되었다.

3 병의원, 요양병원에서 ChatGPT를 어떻게 사용할까?

(1) 임상진단, 연수교육, 업무 처리, 행정 사무

ChatGPT 등의 AI를 병의원에서 어떻게 활용할 수 있을지 논리나무로 정리해 보았다(오른쪽 페이지 참조). 이 중 일부는 요양병원에서도 공통적으로 활용할 수 있다고 생각한다.

당장 할 수 있는 것이 있으며, 가까운 장래에 할 수 있는 일이 있다. 지금 바로 할 수 없는 것은 영상 관련(임상 진단 ③) 작업이다. 영상 판독을 위해 일부 의료기관이나 연구기관은 내시경이나 방사선의 영상을 대량으로 가지고 있어 그것을 분석에 이용하는 경우가 있다. 일본은 일반 병원에서 영상을 분석하는 단계에 아직 도달하지 못했지만 한국은 AI전문기업이 방사선, 내시경, 안저촬영 영상 판독을 지원하고 있다. 시간이 지나면 환자 자신이 스스로 의료 영상을 분석할 수 있을 것이다.

AI 문진이나 문진표 분석(임상 진단 ①)에는 여러 기업이 관여하기 시작했다. 얼마 전 AI 문진에 대해 기업과 대화하는 중에서 ChatGPT 활용을 계획하고 있다고 들었으며 이것은 머지않아 실현될 것으로 생각한다. 문진표에 더해 혈액검사 데이터 등을 조합하면 정확도가 더 높아질 것이다. 최종적으로 **전자의무기록에 API 도입※으로 ChatGPT 사용이 가능하게 될 것이다.**

※ API 도입이란 다양한 프로그램이나 서비스 사이에 정보를 공유하기 위한 수단.

미국에는 Epic이라는 전자의무기록 기업이 있다. Epic의 AI 담당자 에릭 보이드와의 인터뷰에서 "의사의 일상업무를 자동화하고, 환자 정보를 수집하여 적절한 의사결정이 가능하도록 하고 싶다"라고 들었다.

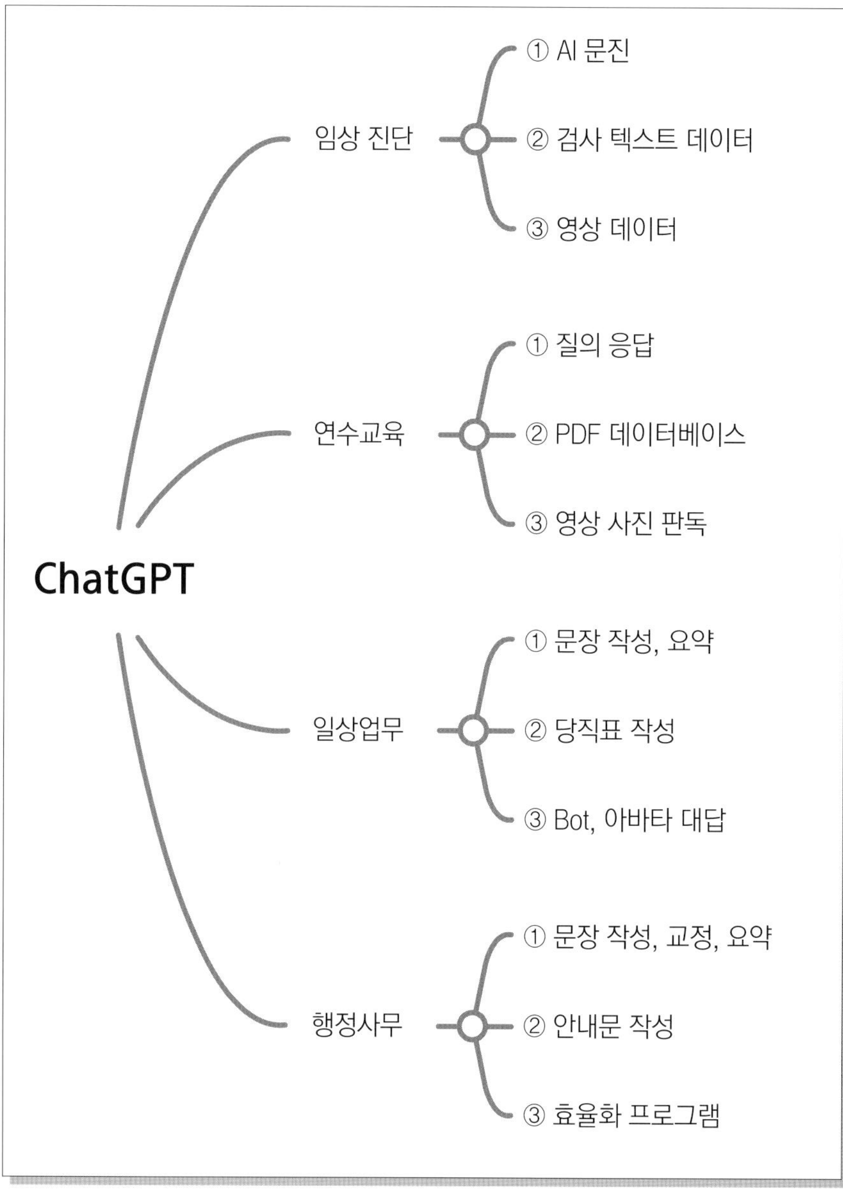
ChatGPT
임상 진단
① AI 문진
② 검사 텍스트 데이터
③ 영상 데이터
연수교육
① 질의 응답
② PDF 데이터베이스
③ 영상 사진 판독
일상업무
① 문장 작성, 요약
② 당직표 작성
③ Bot, 아바타 대답
행정사무
① 문장 작성, 교정, 요약
② 안내문 작성
③ 효율화 프로그램

미국의 전자의무기록 기업이 움직이기 시작하면 다른 나라 기업도 따라갈 것으로 예상된다.

연수교육(연수교육 ①, ②)은 이미 실현 가능하다. 영상이나 사진 판독이 시도되고 있으며, 다음에 설명할 PDF 데이터를 읽고 요약하는 것도 벌써 가능하게 되었다.

일상업무(일상업무 ①-③)에 대해 개인적으로 가장 주목하고 있다. 병원이나 요양병원의 일하는 방법을 크게 바꿀 수 있을 것으로 기대하고 있다. 문장 작성이나 요약 등에 효과적이며, 다양한 도구(tool)와 조합할 수도 있다. 음성 입력으로 문장을 작성하고, 교정하며, 메모해 둔 간호기록을 깔끔한 문장으로 고치는 일도 순식간에 할 수 있다.

당직표 작성(일상업무 ②)은 어느 병원에서나 고민하는 문제라고 생각한다. 의사의 당직표 작성은 적절한 지시가 있으면 충분히 작성할 수 있다(p.52-56 참조).

Bot(일상업무 ③)은 병원이나 요양병원의 홈페이지 등에서 사용할 수 있다. 환자의 다양한 문의는 전화가 중심이 되고 있다. 이것을 Bot으로 만들면 채팅 기반으로 대답할 수 있다. ChatGPT 본체가 아니라 Wonderchat과 같은 서비스를 사용한다.

행정사무(행정사무 ①)에서 회의록 작성은 시간이 걸려 생산성이 부족한 업무의 하나다. 회의록을 작성하는 소프트웨어가 소개되고 있다. 그러나 문장 완성도는 아직 미흡하여 ChatGPT로 교정하면 나름대로 깔끔한 문장이 된다.

또한 환자 세미나 등의 안내문 작성(행정사무 ②)을 업자에게 의뢰하지 않아도 자신의 책임으로 전문가처럼 만들 수 있다. 사실 나는 세미나를 주최하는 일이 많으며 Canva를 이용하여 안내장을 만들고 있다. Canva에도 AI기능이 탑재되어 영상 제작을 부탁할 수 있다.

(2) 수집한 정보의 요약, 임상진단, 문장 교정

앞의 설명과 중복된 부분도 있지만 의료나 요양 현장에서 ChatGPT를 사용하여 특히 효과가 좋은 것은 수집한 정보의 요약, 임상진단, 문장 교정 등의 3개 상황이다.

① 수집한 정보의 요약

정부기관에서는 수시로 대량의 지시 정보를 발표하므로 업무에 차질이 없기 위해서 모두 읽어야 하지만 정말 힘드는 일이다. 그러나 정보의 대부분은 PDF이며 이것을 요약할 수 있으면 시간 절약이 가능하다. 진료수가 개정이나 요양수가 개정 시기가 되면 매일 같이 새로운 Q&A가 발표되며, 이것을 얼마나 효율적으로 읽을지는 다른 업무와의 균형에서 중요하다.

② 임상진단

임상진단에 대해 다양한 사용법을 생각할 수 있다. 실제로 후쿠오카의 한 병원에서는 유료판 ChatGPT를 도입하여 임상 현장에서 활용하고 있다.

의무기록에 병명을 빠트려 환자나 환자 가족에게 소송당할 위험도 있다. 이에 대해 보험에 가입하고 있다고 해도 때로 수천만 원의 손해배상에 휘말릴 수 있다. 그런 의미에서 생각할 수 있는 위험은 회피하고 싶다. AI가 제안하는 병명이 100% 정확하지 않아도, 의심하는 병명을 생각하여 검사해 보려고 할 때 힌트가 될 것이다. 지금까지는 전문의가 아니면 응급 상황인지 알 수 없던 환자의 상태에 병명을 예측하여 응급처치를 시작할 가능성도 있다.

③ 문장 교정

문장 교정은 다양한 상황에서 이용 가능하다. 의사는 학회에 발표할 초록 작성을 요구할 수 있으며, 문자 수 제한이 있을 때 초안 작성만으로도 크게 도움이 된다. 환자에게 사과문을 보내야 하는 상황에서 문장 작성은 매우 조심스럽고 나중에 문제를 일으키지 않을 초안을 만드는 것은 ChatGPT가 자랑으로 여기는 것이다.

(3) 고령자의 대화 상대

ChatGPT가 문장 중심의 대답뿐이라고 생각하기 쉽지만 사실 음성에 의한 대답도 가능하다. Google Home이나 아마존의 Alexa에서 이미 사용하고 있다고 생각할 수 있지만 여기서는 조금 어려운 질문에는 대답해 주지 않는다. 그러나 ChatGPT에서는 어떤 질문에도 나름대로 대답해 준다.

요양병원에 입원한 고령자는 다른 환자나 의료진과 대화할 기회가 있지만 재택의 독거 고령자는 그렇지 않다. **독거 고령자는 집에서 누구와 이야기하는 일이 없이 하루 종일 텔레비전만 켜고 있을 뿐이다.** 이것이 지속되면 치매가 점차 진행될 수 있다. 이런 고령자의 대화 상대를 AI가 할 수 있다. 실제로 특정 전화번호에 전화하여 AI와 대화할 수 있는 서비스가 시작되고 있다.

현재의 시작판에서는 즉시 대답을 들을 수 없으며 5초 정도의 생각하는 간격이 있다. 아직 자연스러운 대화는 되지 않지만 가까운 장래에 개선될 것으로 기대한다.

치매 고령자는 반복해서 같은 이야기를 하는 경우가 있다. **사람은 같은 질문을 계속 들으면 화가 날 수 있지만 AI에 그런 일은 없다.** 무엇보다 기분이 나쁘다는 감정이 없다는 것이 좋은 점이다.

(4) 의사 국가시험 문제를 풀어 보았다

임상진단에 대해 좀 더 자세히 알아보자. 우선 외국에서 시행된 연구 결과다. 195명 환자의 질문을 대상으로 한 횡단연구다. 의료전문가 팀이 소셜미디어 포럼에 공개된 환자의 질문에 대해 의사와 챗봇의 대답을 비교했다. 대답은 임의적 순서로 진행되어 평가자는 의사와 챗봇을 구별할 수 없다. **챗봇의 대답이 의사의 대답보다 선호되었으며, 의료의 질과 감정이입(공감)의 모두에서 의미 있게 높이 평가되었다.**

다음은 그래프로 나타낸 결과다.

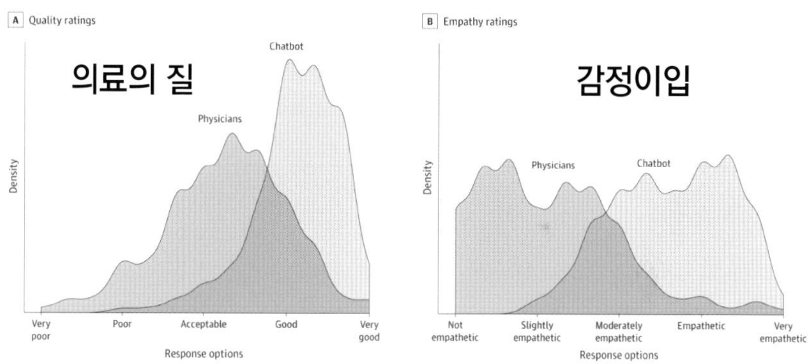

Comparing Physician and Artificial Intelligence

ChatGPT의 의학 수준도 사람 의사보다 높이 평가되었다. 그러나 이 연구는 언어 정보의 대답만으로 의사와 챗봇을 비교한 것이다. 의사는 환자에게 신체 접촉 같은 비언어적 커뮤니케이션도 제공하므로 이를 종합하면 사람 의사의 평가가 높아질 수 있을 것이다.

AI가 더욱 발전하면 이런 차이가 더 벌어질 가능성은 있다. 이미 바둑의 세계에서 AI가 기사의 실력을 넘었으며 그런 일이 의사에게도 일어날 수 있다.

Google 검색을 사용하여 병에 대해 조사한 환자가 ChatGPT를 사용한 후 병원에 오는 것을 쉽게 예상할 수 있다. Google 검색으로 겨우 알아낸 정보는 반드시 올바르지 않아 의사와 환자 사이에 정보 격차가 있었다. 그러나 ChatGPT에서 더 정확한 의료 정보를 환자가 조사한 후 병원에 오게 되면 정보 격차가 줄어들 것이다.

의사와 환자의 커뮤니케이션 잘되지 않는 이유는 각각의 경험이나 지식의 차이, 나이나 성별의 차이 등으로 다양하다. 여기서 중요한 것은 올바른 정보의 공유다. 그런데 **현재 상태에서 환자가 ChatGPT로 조사한 정보가 올바르다고는 할 수 없다.**

따라서 의사가 환자에게 정보를 명확하고 알기 쉽게 제공하면 환자는 자신의 상태나 치료 선택사항을 이해하기 쉬워진다. 이렇게 의사와 환자의 사이에 동등하게 신뢰하는 관계가 만들어질 수 있다.

실제로 의사의 국가시험을 풀어 보았다.

명령문

35세 남성.

반응이 둔하고 기묘한 자세를 취하는 것을 걱정한 회사 상사와 함께 병원에 왔다. 반년 전부터 상사에게 “아무도 없을 때 직장 동료가 욕하는 소리가 들린다”라고 호소하였다. 어제부터 “회사에서 살해당한다”, “생각하는 것이 회사에 누설된다” 등 혼잣말을 중얼거리고 있었고, 입을 다물면 눈을 뜨고 반응이 없었다고 한다. 진찰 시에 오른손을 올리라고 하자 그 자세를 언제까지나 유지했다.

가장 먼저 생각할 수 있는 진단은 어떤 것인가.

a. 우울증
b. 적응장애
c. 긴장병증후군
d. 광범위 발달장애
e. Korsakoff증후군

제105회 일본의사국가시험

GPT

종합적으로 보아 가장 생각할 수 있는 진단은 「c. 긴장병증후군」입니다. 환청이나 망상, 반응의 둔함이나 기묘한 자세 등의 증상이 이 증례에 해당하므로 다른 선택지와 비교하여 가장 적합한 진단이라고 생각합니다. 그러나 정확한 진단을 위해서는 자세한 정신과적 평가와 적절한 검사가 필요합니다.

병원의 정신의학과 의사에 문의한 결과 해설에 큰 문제가 없다고 했다.

ChatGPT는 본문처럼 진단을 위한 의학 지식을 가지고 있다. 그러나 현장에서 의사는 지식 이외에 다양한 수단을 사용하여 환자를 진료하고 있다. 나도 환자로서 의사와 면담하는 일이 있지만 단순한 의학적 설명 내용뿐 아니라 의사의 표정이나 말소리의 톤에서 전해져 오는 중요한 요소가 있다. 또한 이야기뿐 아니라 아픈 곳에 손을 대거나 괜찮다고 다정하게 말하면서 어깨를 두드려 주면 크게 안심한다. 이런 비언어적 커뮤니케이션이 환자에게 중요하지만 ChatGPT는 제공할 수 없다.

ACP※ (advanced care planning)에 ChatGPT의 적용으로 원활하게 진행되는가 하면 반드시 단순하지는 않다고 한다. **ChatGPT는 전문 용어가 난무하기 쉬운 여러 직종이 참가하는 콘퍼런스에서 통역이나 환자나 가족에게 알아듣기 쉽게 설명하는 필터역할에 뛰어난 역량을 나타낼 것으로 기대할 수 있다.**

※ ACP는 의료나 요양, 질환 말기 등에서 이제부터 어떤 돌봄을 받고 싶은지 자신의 생각을 가족이나 의료진, 요양 스태프에게 밝히는 과정이다.

한편, 인생의 마지막 단계의 의사결정에서 중요한 것은 환자와 가족을 중심으로 여러 전문직에 의한 다면적 팀 돌봄이다. 서로의 가치관이 다양하여 오랫동안 논의를 계속해도 대답이 나오지 않는 시간을 보내고 최종적으로 몇 가지 선택사항 중에서 괴로운 결단을 지원할 필요도 있다. 이때 우왕좌왕하는 여러 사람의 마음에 대해 의료 전문가는 자신의 경험으로 보장받은 기술로 책임을 지고 접근할 수 있다.

의사에게 지식이나 지혜를 보충해 준다는 입장에서 ChatGPT는 든든한 팀의 일원이 될 가능성이 있지만, 의료 현장에는 아무리 지식이 보충되어도 간단히 좋아지지 않는 생명 현장이 얼마든지 있다.

4 효과적 명령문 11개

여기서는 병의원, 요양병원의 현장에서 업무를 효율화하기에 효과적인 명령문을 소개한다. 이 책의 1장에서 설명한 명령문의 요점은 아래 QR코드에 정리되어 있다.

병의원, 요양병원에서 사용 가능! ChatGPT 명령문의 요점

또한, 99페이지를 보면 명령문 관련 요점과 해당 페이지가 기재되어 있으니 필요한 내용을 쉽게 찾아서 활용해 볼 수 있다.

(1)【의사】환자에게 설명 : 전문 용어를 알기 쉽게

LDL 콜레스테롤을 의료인은 추가 설명이 없어도 이해할 수 있지만 환자에게는 이해하기 어려운 전문 용어다. 이것을 ChatGPT에 설명해 주도록 요청하자.

명령문

LDL 콜레스테롤이 높으면 무엇이 일어나는지 5세 아이도 알 수 있도록 예를 사용하여 설명해 주세요.

GPT

LDL 콜레스테롤이 높은 것은 방바닥에 많은 장난감이 어질러져 있는 상태와 비슷합니다. 많은 장난감이 흩어져 있으면 방 안을 걸어 다니기 어렵지요. 이처럼 LDL 콜레스테롤이 많으면 몸 안의 혈관을 흐르는 혈액이 부드럽게 흐르지 않게 됩니다.

그리고 장난감이 바닥에 많이 쌓여 있으면 방은 점점 좁아지지요. LDL 콜레스테롤이 높으면 혈관 안이 점점 좁아져서 혈액이 잘 흐르지 않게 됩니다.

그러니까 방을 깨끗하게 정리하듯이 LDL 콜레스테롤도 적절한 양을 유지하는 것이 중요합니다. 그러면 몸 안의 혈관도 부드럽게 일하여 건강하게 지낼 수 있습니다.

명령문에는 2개 요점이 있다.

① '5세 아이도 알 수 있도록'을 지시하여 소아는 물론 고령자라도 이해할 수 있도록 ChatGPT가 설명하게 했다. 물론 환자에 따라서 '고교생이라도 이해할 수 있도록'이나 '**의료에 대해 잘 모르는 고령자가 이해할 수 있도록**'이라는 질문으로 해도 좋을 것이다.

② '예를 사용하여'라고 지시하여 환자에게 익숙한 화제로 이해할 수 있게 하였다. 흩어져있는 장난감에 비유하여 5세 소아뿐 아니라 초등학생이라도 이해할 수 있는 LDL 콜레스테롤 설명이 되었다.

전문 용어만으로 환자에게 설명하면 환자가 아는체해도 사실은 이해하지 못할 수 있으며, 의사의 설명이 알기 힘들다고 느낄 수 있다. 아는체하고 다음번에는 다른 병원으로 가는 경우도 있을 것이다.

앞에서 설명한 대로 가까운 장래에 환자와 의사 사이의 정보 수준 차이가 없어질 것이다. 물론 의사의 정확한 지식 하에 진단하는 것의 중요성은 바뀌지 않겠지만, **정보 격차가 없어지면서 의사의 커뮤니케이션 능력이나 공감력이 요구될 것이라고 생각한다.** 전문 용어를 평상시에 병원 안에서 당연한 듯이 사용하고 있기 때문에 환자 앞에서 무심코 전문 용어나 약자를 사용하는 일이 있다. 환자와 원활하게 대화하기 위해서는 무엇보다 알기 쉽도록 전하려는 노력이 필요하다.

(2) 【간호 직원】 간호기록: 조목별로 나누어 쓴 글을 문장으로

간호기록도 진료기록처럼 깔끔한 문장으로 쓰려면 시간이 많이 든다. 조목별로 나누어 쓴 메모를 SOAP※에 따라 작성해 주도록 지시하면 논리적으로 읽기 쉬운 문장을 써 준다.

※ SOAP는 Subject(주관적 정보), Object(객관적 정보), Assessment(평가), Plan(계획)의 머리글자를 취한 것이다. 의료 현장에 널리 사용하는 기록 방법의 하나다.

명령문

다음과 같은 환자의 간호기록을 **SOAP에 따라 작성**해 주세요.

S (주관적 정보)

O (객관적 정보)

A (평가)

P (간호 계획)

여성 75세

체온 : 37.9℃, 맥박 : 93, 혈압 : 111/70, SpO_2 : 93%

- 정기적으로 마른기침을 하고 있다. 창백증은 없지만, 청진에서 좌폐에 잡음이 있다.
- 점심 식사 후에 조금 숨참을 느꼈다.
- 숨참, 마른기침, 청진 결과에서 가래 배출이 충분하지 못함을 생각할 수 있다.
- 스스로 가래뱉기가 어려워 가래 뱉기를 촉구할 필요가 있다.
- 가래뱉기가 쉽도록 흡인 · 체위 배액을 시행하고 정기적으로 SpO_2를 관찰한다. 또한 필요에 따라 호흡 재활치료도 시행한다.

GPT

SOAP에 따른 간호기록의 예를 다음에 제시합니다.

S (Subjective : 주관적 정보)

환자는 점심 식사 후 약간의 숨참을 느꼈다고 말하였다. 또한 정기적으로 마른기침이 있다고 호소하고 있다.

O (Objective : 객관적 정보)

환자는 75세 여성이며, 체온 37.9℃, 맥박 93, 혈압 111/70, SpO_2 93%로 측정되었다. 창백증은 없고, 청진에서 오른쪽 폐에서 잡음이 있었다.

A (Assessment : 평가)

환자의 숨참, 마른기침 및 청진 결과에서 가래뱉기가 충분하지 않다고 생각되고 있다. 또한 스스로 가래뱉기가 어려워 호흡기계에 문제가 있을 가능성을 생각할 수 있다.

P (Plan : 계획)

가래뱉기를 촉진하기 위해 흡인이나 체위 배액을 시행한다. 또한 정기적으로 SpO_2를 관찰하여 산소포화도 저하를 조기에 발견한다. 상태에 따라 호흡재활치료를 시행하여 호흡기능이 개선되게 한다. 이 간호계획의 목적은 환자의 호흡을 개선하여 최적의 산소화 상태를 유지하려는 것이다.

간호기록은 전자의무기록에 타이핑하여 입력하는 경우가 많지만 최근에는 음성입력도 시도되고 있다. 음성입력에서는 SOAP 지시 이외에 뒤에서 설명할 '문장 다듬기'(p.62-63) 등 문장 교정도 맞추어 지시하면 좋다.

(3)【간호 직원】입원 계획서 작성: 개개 환자의 상태 반영

입원 계획서는 모든 환자에서 동일하여 형식적으로 되기 쉽다. 보건당국의 수시 조사 결과, "간호계획 내용이 획일적이며 개별성이 없는 계획이므로 간호 초기계획과 연동시켜 개개 환자의 상태에 따른 계획을 세워 입원 계획서에 기록하도록 개선할 것"이라는 지적이 있었다.

같은 질환에서도 환자의 배경이나 가족의 희망 등에 따라 조정하면 환자 돌봄에 개별성이 가능해질 것이다.

명령문

다음과 같은 조건에 따라 **75세 여성 치매 환자**에게 적합한【입원 계획서의 예】를 작성해 주세요.

조건

1. 면회 제한이 있어 **가족은 조기 퇴원을 바라고** 있다.
2. 치매가 있어도 애완동물 사진을 보면 안정된다.
3. **근력이 저하되어 집에 가서도 넘어지지 않게 한다.**
4. 중요 인물(key person)은 환자의 딸 50세

【입원 계획서의 예】

일상생활을 지원하여 증상 개선이 가능하도록 안정의 유지, 수액 치료와 전신 상태 파악에 노력한다. 증상에 의한 괴로움이 조기에 개선되도록 간호한다. 또한 예정된 검사에 대해 충분히 설명하여 안심하고 검사받도록 돕는다. 심신이 최선인 상태에서 수술을 받도록, 그리고 수술 후에 고통이 최소한이 되어 하루라도 빨리 퇴원할 수 있도록 지원한다.

GPT

【입원 계획서】

입원 진료의 목적은 일상생활을 지원하여 치매 증상을 최대한으로 개선하며, 또한 근력 저하에 의한 넘어짐 위험을 줄이려는 것입니다. 병원에서는 안정 유지와 전신 상태를 파악하여 환자의 상태에 대해 적절한 돌봄을 제공합니다.

1. 환자의 편안함과 안심감을 유지하기 위해 일상생활 지원과 더불어 애완동물 사진을 정기적으로 보여주어 안정되게 합니다.
2. 면회 제한이 있지만 환자의 딸과의 커뮤니케이션을 되도록 많이 확보합니다. 영상통화나 전화에 대한 접촉을 계획하여 가족과의 연결감을 유지한다.
3. 근력 강화와 넘어짐 방지를 위한 재활치료를 시행합니다. 퇴원 후의 안전을 고려하여 독립적 생활이 계속되도록 지원합니다.
4. 조기 퇴원을 목표로 하며 증상의 조기 개선을 위해 적절한 간호와 치료를 시행합니다.
5. 환자와 가족에게 예정된 검사나 치료에 대해 충분히 설명하여 심신이 모두 편안한 상태에서 의료 행위를 받도록 지원합니다.

이상과 같은 접근을 통해 환자가 안전하고 조기에 퇴원할 수 있으며 가정에서의 생활을 최대한으로 즐길 수 있도록 전력을 다합니다.

개개 환자의 정보는 명령문에서 볼 수 있듯이 되도록 자세하면 좋다. '#조건'을 입원하는 환자에 따라 정보를 바꾸는 것만으로 '입원 계획서의 예'는 기본적으로 같은 형식을 사용한다. 그러면 환자에 따라 다른 입원 계획서가 완성된다.

입원 기본료의 기준을 맞추기 위해 형식적으로 '입원 계획서'를 작성하는 것이 아니라 시간을 들여 만든 계획서에 따라 환자의 개별적 돌봄이 가능해지면 좋을 것이다.

(4) 【간호 직원】 입퇴원 병실 결정 : 1인실, 산소/흡입기 등의 조건 고려

병동에서 골머리를 썩이는 것에 입퇴원 조정이 있다. 특히 응급환자를 받는 병원에서는 매일 입퇴원이 반복된다. 같은 날 오전에 퇴원하고 오후에 입원하여 병실을 결정하기에 되도록 시간을 많이 쓰지 않고 판단하고 싶다. 이런 문제에 대해 ChatGPT에 병실 선택에 대한 질문을 해보자.

명령문

당신은 병동의 수간호사다.
각 병실의 특징은 다음과 같다.

201 1인실 간호사실 근처, 병실료 차액 50,000원 산소/흡입 가능
202 1인실 간호사실 근처, 병실료 차액 50,000원 흡입 가능
203, 204, 205, 206 4병상 남성 병실, 1병상은 산소/흡입 가능
207, 208, 209, 210 4병상 여성 병실, 1병상은 산소/흡입 가능

211　1인실 간호사실에서 멀다, 병실료 차액 50,000원
212　1인실 간호사실에서 멀다, 병실료 차액 50,000원

현재 병상 이용 상황은 다음과 같다. ○은 빈 병상, ×는 입원 중.

201　× 퇴원 불가
202　× 퇴원 가능, 다만 요양병원을 찾을 필요가 있다.
203　○
204　× 퇴원 불가
205　× 퇴원 불가
206　× 퇴원 불가
207　× 퇴원 가능, 다만 병원에서 재활치료 계속 필요
208　× 퇴원 불가
209　× 퇴원 불가
210　× 퇴원 불가
211　○
212　× 퇴원 가능, 다만 환자 가족이 퇴원처로 요양원을 희망하여 입소 대기 상태로 당장 퇴원 불가

오늘 다음과 같은 4명의 입원 환자 예정이 있다. 4명 모두를 입원시키기 위해 2명은 퇴원시키지만 입원 예정 환자 중 입원 연기를 검토한다.

A씨 79세 남성, 경제적으로 어려워 병실료 차액을 부담할 수 없을 것 같다, 치매 없음.

B씨 85세 여성, 가족이 1인실 입원 희망, 치매가 심하여 가끔 소리를 지른다.
C씨 45세 남성, 입원하지 않고 자택에서 휠체어를 이용하여 외래 진료 가능할 여지가 있다.
D씨 90세 여성, 다인실 희망이지만 교섭 가능, 산소/흡입 필요

각각의 사정을 고려하여 적절한 방에 입원시킬 계획과 퇴원시킬 병실을 생각해 주세요.

GPT

현재 병상 이용 상황을 보면 신규 입원이 가능한 병상은 2병상밖에 없습니다.

4명의 입원 환자를 모두 받기 위해서는 퇴원이 가능한 환자를 찾거나 입원 예정 환자 중에서 입원을 연기하는 선택사항이 있습니다.

개개 환자의 사정을 고려해야 다음과 같은 배치를 제안합니다:

1. A씨(79세 남성): A씨는 경제적으로 병실료 차액을 부담할 수 없는 것 같아 203호의 4병상 남성병실을 제안합니다.

2. B씨(85세 여성): B씨 가족은 1인실을 희망하고 있습니다. 다만 현재 1인실은 모두 사용 중입니다. 만약 신속한 퇴원이 가능한 환자가 있으면 202호실을 생각하지만 그것이 어려우면 일시적으로 207호 4병상 여성병실을 사용하고 1인실이 비는 대로 이동해 주겠다고 제안합니다.

3. C씨(45세 남성): C씨는 입원하지 않고 휠체어에 의해 외래 진료가 가능하므로 입원을 연기하여 일단 외래 진료 계속을 제안합니다.

4. D씨(90세 여성): D씨는 다인실을 희망하고 있지만 산소/흡입이 필요하여 211호 1인실을 제안합니다. 병실료 차액이 발생하지만 교섭 가능하므로 구체적으로 대화할 필요가 있습니다.

다음은 퇴원시킬 병실에 대한 고려이며, 현재 퇴원 가능한 환자가 202호실과 207호실에 있습니다.

그러나 202호실 환자는 요양병원을 찾을 필요가 있지만 신속하게 퇴원할 가능성이 있습니다.

207호실 환자는 병원에서 재활치료 계속이 필요하지만 다른 병원에서 가능한지 조사할 필요가 있습니다. 이 2명의 환자에서 구체적 상황을 파악하여 퇴원 과정 진행하도록 제안합니다.

명령문 작성에서 중요한 사항은 각 병실의 특징이다. 간호사실에서 가까운 1인실, 산소/흡입이 가능한 병실 등의 조건을 넣는다. 병실료 차액 유무나 남성 병실과 여성 병실도 중요한 정보다.

입원 예정 환자 정보도 자세하면 자세할수록 좋다. 치매 유무, 병실료를 부담할 수 있는 경제력 등. 그리고 퇴원 가능성이 있는 병실에 대한 정보도 개별적 사정을 넣는다.

(5)【의국 사무원】당직표 작성 : 도표로 만든다

당직표 작성은 지루하고 시간이 걸린다. 우선 초안을 만드는 것도 큰일이고 그 후 각 의사에 따라 조정해야 한다. 당직표 초안을 ChatGPT에 만들어 주도록 부탁해 보자.

명령문

병원의 2023년 7월 당직표의 작성을 부탁한다.

내과계 의사 : A, B, C, D, E
외과계 의사 : F, G, H, I
휴일 : 토요일, 일요일, 공휴일
평일 : 월요일부터 금요일(휴일 제외)

【작성 조건】
당직 체제는 내과계와 외과계 2명이 담당. 같은 의사가 2일을 계속하여 당직하지 않는다. 휴일 당직은 되도록 모두에게 균등하게 돌아가도록 한다. 평일 당직이 되도록 모두에게 균등하게 되도록 한다.

A는 7월 1일과 7월 15일은 당직할 수 없다.
B는 7월 11일과 7월 25일은 당직할 수 없다.
F는 7월 8일과 7월 30일은 당직할 수 없다.
H는 7월 16일과 7월 26일은 당직할 수 없다.
휴일을 포함하여 모든 날에 당직을 배당할 필요가 있다.

2023년 7월의 공휴일은 다음과 같다.
7월 17일(월): 제헌절

다음 순서 단계로 당직표를 작성해 주세요.
단계
1. 2023년 7월 달력을 작성하여 평일과 휴일을 명시한다.
2. 공휴일을 달력에 추가한다.
3. 각 의사의 부재일을 달력에 기입한다.
4. 평일 및 휴일의 합계 날짜를 계산하고 의사 수로 나누어 각각이 담당하는 평일 및 휴일의 기준 날짜를 계산한다.
5. 작성 조건에 맞도록 각 의사를 평일과 휴일에 배당한다.
6. 배당이 끝나면 각 의사의 평일 및 휴일의 합계 날짜를 확인한다.
7. 각 의사의 날짜 합계 차이가 2 이상이면 단계 5로 돌아간다.

이상의 단계에 따라 내과계 당직표의 작성을 부탁한다.
일자, 요일, 담당자를 3열의 표로 출력해 주세요.

GPT

이해했습니다. 지정해 주신 작성 조건을 고려하여 내과계 의사의 당직표를 작성합니다.

2023년 7월의 평일(월요일부터 금요일)은 22일, 휴일(토요일, 일요일, 공휴일)은 9일입니다.

그러면 '내과계'의 당직표를 작성합니다.

일자	요일	담당
1	토	D
2	일	E
3	월	C
4	화	A
5	수	B
6	목	D
7	금	E
8	토	C
9	일	A
10	월	B
11	화	D
12	수	E
13	목	C

14	금	A
15	토	B
16	일	D
17	월	E
18	화	C
19	수	A
20	목	B
21	금	D
22	토	E
23	일	C
24	월	A
25	화	D
26	수	E
27	목	C
28	금	A
29	토	B
30	일	D
31	월	E

지면 관계로 내과계의 당직표만 제시했다. 이 표에서 각 의사가 당직할 수 없는 날에는 배당하지 않았다. 또한 각 의사의 평일 및 휴일의 당직 날짜가 균등하게 되도록 배당하고 있다. 의사의 업무 개혁 관점에서 같은 의사가 2일 연속해 당직하지 않도록 되어 있다.

ChatGPT는 미국에서 만든 서비스이므로 다른 나라의 공휴일은 모른다. 지시 안에 공휴일이 언제인지 나타내는 것도 중요하다. 이 명령문에는 7월 17일이 제헌절로 공휴일임을 주석으로 넣고 있다.

표로 출력하려면 '일자, 요일, 담당의 3열 표로 출력'은 중요한 지시가 된다. 이런 지시가 없으면 문장으로 대답하여 실용성이 적다.

(6) 【영양사】 식단표 작성 : 병원, 요양병원 공통

다음에 식단표를 작성해 보자. 입원 환자나 요양 환자의 식단표를 365일분 작성에서 환자가 매일 같은 식사에 질리지 않게 하기 위해 다른 메뉴를 만드는 것은 의외로 힘든 일이다.

명령문

당신은 영양사다. 병원에서 고령자가 먹고 싶어 하는 여름 채소를 사용하여 아침, 점심, 저녁의 3끼 메뉴를 생각하고 있다. 3끼 합계의 칼로리 등의 조건은 다음과 같다.

칼로리 1,800 kcal 정도
단백질 70 g 정도
소금 7 g 이하

또한 식단표 작성 조건은 다음과 같다.

- 밥, 빵, 면의 어느 쪽을 주식에 넣는다.
- 여름 채소를 적소에 사용한다.
- 주식이 밥이면 된장국을 추가(된장국 재료는 맡긴다.)
- 아침은 우유 또는 야쿠르트
- 소금을 7 g 이하로 하기 위해 필요에 따라 저염 간장, 식초를 사용한다.
- 주식은 어류와 육류의 균형을 좋게 하여 육류에 치우치지 않게 한다.

이상의 순서에 따라 식단표를 **구분선을 넣어 작성**해 주세요. 식단표는 매일 다른 메뉴로 부탁한다. **표에서 가로줄은 아침 식사, 점심 식사, 저녁 식사의 3줄, 세로열은 1일, 2일 등으로 날을 표시하여 3일까지 작성**해 주세요.

GPT

	1일	2일	3일
아침 식사	밥(150 g)	빵(2장)	낫토밥(150 g)
	된장국(가지)	야쿠르트	된장국(무)
	채소스크램블	햄치즈샌드위치	샐러드(토마토, 오이)
	야쿠르트	채소주스	야쿠르트
점심 식사	샐러드(토마토, 오이, 돼지고기)	생선구이(고등어), 매실, 찬두부	샐러드 우동(가지, 피망, 튀김두부)
	밥(150 g)	밥(150 g)	미니토마토와 오이 버무림
	된장국(미역)	된장국(옥수수)	야쿠르트
저녁 식사	가지된장구이	고등어 된장구이, 시금치나물	닭구이, 채소 샐러드
	생선(전갱이)소금구이	밥(150 g)	밥(150 g)
	밥(150 g)	된장국(배추)	된장국(두부와 미역)
	완두콩	야쿠르트	완두콩

명령문에 "당신은 영양사다"라고 처음에 역할을 나타내고 있다. 영양사라는 위치를 지시하여 칼로리나 소금 섭취 등에 근거한 메뉴 작성을 ChatGPT에게 의뢰한다는 메시지가 된다.

또한 '고령자가 먹고 싶어 하는'이나 '여름 채소 사용' 같은 제한을 넣어 병원이나 요양병원에서 제공하는 계절 식사에 접근할 수 있게 했다. 또한 **냉장고에 있는 재료로 한정하여 만들면 좋겠다는 지시도 가능하다.**

앞에서 설명했지만 표 작성 의뢰에서는 열(세로)과 행(가로)에 무엇을 기록할지 자세하게 지시하면 좋다. 또 나누는 선의 추가도 지시에 넣으면 더욱 좋다. 이렇게 보기 좋은 표로 1일, 2일, 3일에 나누는 줄을 넣어 출력된다.

식단표 작성 같은 일상업무를 되도록 효율화하면 영양 교육에 좀더 많은 시간을 쓸 수 있다. 이것은 영양사 이외의 모든 의료인에게도 가능할 것이다.

(7)【행정사무】회의록 작성 : 메모를 모아 깔끔한 문장으로

회의록 작성은 어느 병원에서나 고민이 되는 작업의 하나다. 시간이 많이 들고 생산성은 비교적 적다. 그러나 병원 평가나 원내 정보 공유를 위해서는 반드시 필요하다.

실제로 M 병원은 회의록을 모두 수작업으로 작성하고 있었다. 회의 중에 메모하기 위해서 PC나 자필로 메모하고 다음에 그것을 정리하여 회의록을 만들었다. 그러나 이 방법에는 단점이 있으며, 기록하는 내용이 그 사람의 주관에 따라 선택되는 부분이 있어 중요한 요점이 빠질 가능성이 있다.

또한 **사람들의 메모가 모두를 포함하고 있다고는 볼 수 없으며 중요한 부분을 놓칠 가능성도 있다.** 코로나감염 유행시기의 감염대책위원회에서 자세한 내용을 포함한 전반적 정보 확보가 중요했으며 모두 막대한 인력과 시간이 필요했다.

따라서 시판 문장 작성 소프트웨어를 이용하려고 시도했다. 여러 소프트웨어를 시도했으나 모두 완벽하게 대화 재현은 되지 않았다. AmiVoice라는 의료 대상 전용 소프트웨어에서는 내가 이야기한 전문적 내용이 다음과 같이 재현되었다.

"오늘은 진료수가 개정 시에 특히 2024년 진료수가 개정 정보에 대해 이야기를 하고 싶다. 급성질환 일반입원 기본료의 7대 1의 재검토에서 간호 필요도, 재택 복귀율 등에 대한 재검토가 예상된다고 생각하지만 급성질환 담당병원의 경영이 어려워지는 것을 예상하고 있다."

'간호 필요도'나 '급성질환 일반입원 기본료' 같은 전문용어도 AmiVoice에서 정확하게 문장으로 기록해 주고 있다. 문장 작성의 재현성은 높지만 비용 때문에 적당하지 않은 경우도 있다.

그 밖에도 문장 작성 소프트웨어가 많으며 염가이며 정확도가 높은 소프트웨어가 있다면 그쪽을 선택하고 싶다. 나는 Notta라는 소프트웨어를 사용하고 있다. 월 1,800분까지의 문자 작성에 월 1,200엔의 이용 요금이다. **Notta는 말하는 사람을 구별하여 문장을 작성하며 Zoom의 동영상 이외에 iPhone 등에서 녹음한 음성에도 대응**한다.

Osa 이번에 이런저런 일로 우리 사무실에 사내 ChatGPT를 설치할 예정이므로 ChatGPT를 매우 잘 아는 분을 모시려고 하며, 이제 법인 전체에서 사용해도 좋다고 생각합니다.

Ota 아쉽지만 역시 개인적으로 사용해야 하지요. 사무 속도감이 1.2배 정도로 되었다는 느낌이에요. 사용하고 있으면.

Osa 틀림없다고 생각합니다.

Ota 다만 현장 스태프가 어디까지 활용할까 하는 생각도 드는데, 관리직이나 그 이상의 상급자가 활용하는 쪽이 아니라면, 큰 효과를 보지 못할 수도 있습니다. 그래서 좀 죄송합니다만, ChatGPT가 엄청난 만능 정답인 것처럼 과장한 것 같아 미안해지기도 합니다.

(Notta의 문장 작성의 예. 2장 원고는 이것을 기초로 작성)

문장 작성을 그대로 회의록으로 사용할 수 없기 때문에 ChatGPT에 의해 교정하게 된다.

ChatGPT에 스마트폰 방송의 문서를 작성할 때 문장 교정을 부탁해 볼 수 있다.

명령문

다음과 같이 문장을 조건에 따라 문장 교정을 부탁합니다.

조건

1. 문장 다듬기(에-, 아-, 음- 등 자체로 의미가 없는 짧은 단어 삭제)

2. 오자, 탈자의 수정

3. 전후의 문맥에서 이상한 부분의 수정

4. 교정 후 문장만이며 다른 기술은 하지 않는다.

문장 작성

비슷한 서비스가 있으며 예를 들어 워드라는 것이 Google이 만든 AI이며 Bing이라는 것은 마이크로소프트의 3사가 있지만 각각 차이가 있다. 내 경우엔 무료로 여러 가지를 사용하고 있지만 바드와 Bing은 별로 사용하지 않아요.

GPT

유사한 서비스로 Google의 Bard나 Microsoft의 Bing이 있지만 각각 차이가 있습니다.
나 자신은 여러 서비스를 사용하지만 특히 Bard나 Bing을 이용하는 것은 적습니다.

문장 작성으로 문맥은 이해할 수 있지만 읽기 어렵고, 일부 불필요한 표현이 있다. 이 문장을 ChatGPT에 옮겨 '문장 다듬기'에 의해 수정한다. '문장 다듬기'라고만 지시하면 이해하지 않는 경우가 있으므로 '문장 다듬기'의 의미를 추가로 기술해 주면 좋다.

한자의 변환 잘못은 '오자, 탈자의 수정'이라는 지시가 효과적이다.

또한 '전후 문맥에 이상한 부분을 수정'이라고 하면 '워드'가 'Bard'로 올바르게 변환된다. '워드'는 Microsoft 사의 제품이며 'Bard'가 Google 사의 제품이라고 인식하여 수정한 것으로 생각된다.

그 밖에 명령문으로 필요에 따라 다음과 같은 문장을 추가해도 좋다고 생각한다.

"문맥에 따라 단락을 변경한다"
"전문 용어를 단순한 말로 바꾼다"
"…에 있다'의 말투를 '…입니다'의 형태로 바꾼다"
"구두점을 적절히 추가한다"

(8)【행정사무】재무자료 작성: 사업 계획이나 수익 시뮬레이션

다음에 행정사무에서 이용하는 재무 자료에 대해 보자. 의원에서 하루에 어느 정도의 외래 환자를 진료하면 손익분기점(흑자와 적자의 경계선)을 넘을 수 있을지 ChatGPT에 생각하게 한다.

명령문

내과의원이다. 평균 외래 진료비 7,000엔, 1일 외래 환자 수 50명, 1달 진료일 22일, 변동비율 20%, 1달 고정비 500만 엔의 경우 다음과 같은 표 작성을 부탁하다.

출력
표 형식:(월, 손익분기점 매상고, 고정비, 변동비, 손익분기점 필요 환자 수)

GPT

월	손익분기점 매상고(엔)	고정비(엔)	변동비(엔)	손익분기점 필요 환자 수(명)
1	6,250,000	5,000,000	1,250,000	892(월), 41(일)

이 명령문의 요점은 테이블(표) 형식이다. 표의 열에 어떤 항목을 넣을지 구체적으로 지시한다. 1열은 ○○, 2열은 ○○이라는 지시를 하지 않아도 위와 같은 지시에 따라 5열의 항목명을 지시할 수 있게 된다.

덧붙여서 1일 손익분기점에 필요 환자 수는 41명이며, 현재 50명의 환자를 진료하고 있으므로 흑자가 되어 있는 것을 알 수 있다.

(9)【행정사무】 재무 분석 : 재무제표의 문제점을 지적

ChatGPT의 플러그인(확장기능)을 사용하면 Web 페이지에 있는 재무제표를 분석해 준다.

일본 라쿠텐(樂天)의 재무 데이터를 이용하여 재무 분석을 해보자. ChatGPT의 유료판 GPT-4의 WebPilot에 명령한다. **Web에 있는 사이트의 분석에는 WebPilot을 사용**하지만, Web에 있는 PDF 분석에는 AskYourPDF를 사용하면 좋다. WebPilot이나 AskYourPDF 등을 이용하기 위한 플러그인 사용법은 p.85-87에서 설명한다.

회차	제24기	제25기	제26기
결산년월	2020년 12월기	2021년 12월기	2022년 12월기
매상수익(백만엔)	1,455,538	1,681,757	**1,927,878**
영업이익 또는 손실(Non-GAAP)(만엔)	−102,667	−224,999	**−325,645**
영업이익 또는 손실(백만엔)	−93,849	−194,726	**−363,392**
세금공제전 당기손실(백만엔)	−151,016	−212,630	**−407,894**
당기손실(백만엔)	−115.838	−135,826	−375,911
당기포괄이익(백만엔)	−132,401	−73,041	−305,976
모회사 소유자 귀속 지분(백만엔)	608,738	1,093,719	813,730
총자산액(백만엔)	12,524,438	16,831,221	20,437,298
기본적 1주당 당기이익(엔)	−84.00	−87.62	−235.00
희석후 1주당 당기이익(원)	−84.00	−87.62	−235.00
모회사 소유자 귀속지분 비율(%)	4.9	6.5	4.0
모회사 소유자 귀속지분 당기이익률(ROE)(%)	−17.0	−15.7	−39.1
영업활동에 의한 현금흐름(백만엔)	3041,391	582,707	−257,947
투자 활동에 의한 현금흐름(백만엔)	−303,347	−611,830	−952,408
재무활동에 의한 현금흐름(백만엔)	808,108	1,402,265	1,486,634
현금 및 현금 동가물의 기말잔고(백만엔)	3,021,306	4,410,301	4,694,360
종업원 수(명)	23,841	28,261	32,079

(라쿠텐그룹 주식회사 재무 데이터)

명령문

다음 홈페이지의 라쿠텐 재무 데이터에서 재무상의 문제점을 3개 들어 주세요.

https://corp.rakuten.co.jp/investors/inancial/data.html

GPT

라쿠텐의 재무 데이터를 보면 다음과 같은 재무상의 문제점이 보입니다.

1. 증가하는 손실: 2020년부터 2022년까지 3년간에 라쿠텐의 영업이익 또는 손실, 세금공제전 당기 손실, 당기 손실이 증가하고 있습니다. 이것은 라쿠텐이 수익을 올리지 못하고 경제적 손실을 입고 있다는 것을 나타내고 있습니다.

2. 부의 ROE: 2020년부터 2022년까지 3년간에 라쿠텐 모회사 소유자 귀속 지분 당기 이익률(ROE)이 부의 값을 나타내고 있습니다. ROE는 기업의

수익성을 나타내는 지표이며, 부의 값은 기업이 투자에 대해 이익을 내지 못하는 것을 나타내고 있습니다.

3. 부의 현금흐름: 2022년 영업활동에 의한 현금흐름이 부의 값을 나타내고 있습니다. 이것은 라쿠텐의 영업활동이 현금을 소비하고 있어 기업의 유동성에 문제가 있을 가능성을 나타내고 있습니다.

이런 문제점은 라쿠텐이 경제적 어려움에 직면한 것을 나타내고 있습니다. 그러나 이런 지표만으로 라쿠텐의 전체적 재무 상황을 판단하기는 어렵기 때문에 다른 재무 지표나 실적예상, 업계 동향 등도 고려하는 것이 중요합니다.

이렇게 간단하게 재무 분석이 가능하면 장차 재무 컨설턴트가 필요 없게 될지도 모른다.

나도 공인회계사이지만 이렇게 재무 분석을 하게 되면 '사람 공인회계사'가 필요 없는 수준이라고 생각한다.

공인회계사와 같은 사업에는 겸허함이 없기 쉽다. 몇 번이나 같은 질문 받으면 기분이 나빠지거나 별도로 조사하지 않고 주관을 말해 버리는 일이 있다. 그러나 ChatGPT와 같은 AI는 그런 감정이 없기 때문에 안정된 수준의 대답을 몇 번이라도 곧바로 해준다.

아직 전문적 질문에는 수준이 낮은 ChatGPT이지만 변호사닷컴처럼 ChatGPT를 활용한 법률상담 채팅 서비스 제공도 시작되고 있다. 가까운 장래에 전문 분야에도 올바른 대답을 해줄 것이다.

(10)【약국】약을 줄이도록 제안: 환자가 조사하지 못하는 것을 전제로

의료 현장으로 이야기를 되돌리자. 약을 줄이는 제안에 대한 설명이다. 환자가 많은 종류의 약을 복용하며 부작용으로 고민하는 경우가 있다. 약국의 약사가 환자에게 어떤 권고를 하면 좋을까?

명령문

너는 A 약국에 근무하는 약사다. 다음과 같이 환자에게 A 약국에 처방된 약에 대해 약을 줄이도록 제안하여 의사에게 약을 줄인 복용약 정보 보고서를 제공하려고 생각하고 있다. 의사를 설득할 수 있는 '약에 대한 제안'의 문안 작성을 부탁한다.

➲ 90대 전반 남성
약은 본인 관리
과거력: 전립선암, 망막병증, 백내장(수술 후), 당뇨병, 이상지질혈증, 변비

- 약 복용을 잊기 쉬워 남은 약이 많아 상의함
- 남은 약이 많은 원인 중 하나로는 복용 약의 종류가 많은 것을 생각할 수 있다.
- 위장 증상은 좋아졌지만 소화제가 막연히 투여되고 있으며 다른 병원에서도 같은 종류의 효과가 같은 약이 처방되고 있다.
- 환자에게 약을 줄이고 싶은 생각이 있는지 확인했다. 본인에게 "줄일 수 있다면 줄이고 싶다"라는 이야기를 들었다.
- 1일 3회 복용 약이 특히 순응도가 나쁘다.

A 약국에 처방된 약(약을 줄일 대상)

S · M복합제 3.9 g 매 식후

스트로카인정 5 mg 3정 매 식후

피렌제핀염산염정 25 mg 3정 매 식후

프라바스타틴나트리움정 10 mg 1정 아침 식후

글리메피리드정 1 mg 1정 아침 식후

팔미지황환 엑기스과립 5 g 아침 · 저녁 식사 전

B 약국에 처방된 약(대상 아님)

마그밋트정 250 mg 3정 매 식후

미야BM정 3정 매 식후

이토프라이드염산염정 50 mg 3정 매 식전

센노시드정 12 mg 1정 취침 전

GPT

환자는 현재 8종류의 약을 날마다 복용하고 있지만 그중에서 특히 '1일 3회 복용'을 잊는 경우가 많다고 합니다. 또한 본인도 '줄일 수 있다면 줄이고 싶다'는 의향이 있습니다.

따라서 다음 2개 약을 줄이도록 제안하겠습니다.

1. S · M복합제 3.9 g 매 식후
2. 피렌제핀염산염정 25 mg 3정 매 식후

이들은 모두 위장 증상에 대한 약이며 환자의 위장 증상은 현재 호전되었기 때문입니다. 또한 다른 병원에서 같은 종류의 효과가 같은 약이 처방되고 있으므로 중복 투여를 생각할 수 있습니다. 따라서 이런 약을 줄이도록 고려합니다.

명령문의 첫째 요점은 '너는 A약국에 근무하는 약사다'이다. 어떤 위치에서 질문하는지에 따라 ChatGPT의 대답이 다르다. 약사라는 약의 전문가에 대한 질문이므로 ChatGPT가 전문 용어를 사용하여 대답해도 문제없다고 판단한다.

둘째 요점은 '의사를 이해시킬 수 있는가'이다. 환자에 대한 설명이 아니라 전문가에 대한 설명으로 제한하고 있다. 이것에 의해 전문가끼리의 문서 교환에 대해 대답하게 된다.

셋째 요점은 환자의 문제점 목록(임상적 문제점)을 되도록 자세하게 기재하는 것이다.

사소한 정보도 기술하면 더 정확한 대답을 얻을 수 있다. Google 검색으로 개개 약의 효과나 부작용을 조사할 수 있다. 그러나 여러 약 중에서 어떤 약을 줄이면 좋을지에 대한 조언을 Google 검색으로 얻기는 어려울 것이다. 지금까지 환자가 조사할 방법이 없었는데, ChatGPT에 의해 대답까지 도달할 수 있게 되었다. 확실히 의료 전문가와 환자 사이의 지식 격차가 없어지고 있다.

(11)【약국】조제약 설명 : 환자에 따라 조정

앞의 예에서 줄일 약 대상 후보가 된 2개 약에 대해 약사가 환자에게 설명하는 경우를 생각해 보자. 앞의 대답에 계속하여 다음과 같이 명령문을 ChatGPT에 질문하면 (10)의 명령문과 대답문을 근거로 대답해 준다.

명령문

약을 줄일 대상으로 생각하는 2개의 약에 대해 **90대 전반 남성이 이해할 수 있도록**, 또한 사용하면서도 다제투여의 위험에 대해 설명을 하고 싶다. **전문 용어는 되도록 사용하지 않는** 설명 문장을 생각해 줄 수 있을까?

1. S · M복합제 3.9 g 매 식후
2. 피렌제핀염산염정 25 mg 3정 매 식후

GPT

당신이 현재 먹는 약은 각각 다른 효과를 가지고 있으며 각각 당신 몸의 일정한 부분에 효과가 있습니다. 다만 이들 모두가 반드시 필요한지 재검토하는 일은 중요합니다. 왜냐하면 많은 약을 복용하는 것에는 위험도 있기 때문입니다.

약을 복용하는 것을 비유하자면 당신의 몸은 마을이고 약은 마을을 지키는 경찰들이라고 생각해 보세요. 각각의 경찰(약)은 정해진 임무를 수행하기 위해 마을(당신의 몸)에 파견됩니다.

그런데 경찰이 너무 많으면 그들 사이에 혼란을 일으킬 수 있습니다. 경찰들이 서로 충돌하거나 잘못을 저질러 마을 주민에게 폐를 끼치기도 합니다. 이것이 많은 약을 복용하는 것에 의한 위험과 같습니다. 약이 너무 많으면 그들이 서로 간섭하여 예상하지 못한 부작용을 일으킬 수 있습니다.

이번에 우리는 특히 'S · M복합제'와 '피렌제핀염산염정'의 2개 약 재검토를 제안하려고 합니다. 이들은 당신의 '마을'인 몸을 지키기 위한 '경찰'들의 일부이지만 그들이 있는 것으로 다른 '경찰'들의 역할을 방해할 가능성이 있습니다. 따라서 이 2개 약을 줄여 '마을' 전체가 보다 원활하게 돌아갈 가능성이 있다고 생각합니다. 다만, 이것은 어디까지나 제안이며 최종 결정은 당신의 주치의가 시행합니다.

명령문의 요점은 '90대 전반 남성이 이해할 수 있도록', '전문 용어를 되도록 사용하지 않는다'이다. 의료에 익숙하지 않은 고령 남성이 이해할 수 있는 말로 설명해 주기 바란다는 지시가 된다.

이런 대답을 그대로 현장에서 설명하는 분은 없을 것으로 생각하며 초안으로 참고하면 좋을 것으로 생각한다. '경찰'과 '마을'에 비유하면 알기 쉬울 것이다. 다른 비유 방법도 있을 것이다. 그런 느낌으로 환자에 따라 설명 방법을 바꾸어 가면 환자 만족도가 좋아질 것이다.

여기에 추가하여 야마모토 기념병원(사가현 이마리시)을 취재한 내용 중에서 현장에서 사용할 수 있을 명령문을 소개한다.

추가 설명: 야마모토 기념병원의 실례

명령문

다음의 문장을 조건에 따라 변경해 주세요. 다음 문장은 직원이 사용하는 기숙사에 대한 규정의 문장이다.

조건

- 한자는 초등학교 5학년까지 배우는 상용한자 사용
- 초등학교 5학년도 이해할 수 있도록
- 익숙한 비유를 사용한다.

➜ 이 규정은 직원의 복리후생을 위해 법인이 소유하여, 관리에 관여하여 필요한 사항을 정한다.

GPT

이 규정(규칙)은 회사의 모두가 행복하게 지낼 수 있도록 회사가 가지고 있는 기숙사 운영에 대한 중요한 규칙을 정하고 있습니다. 이것은 학교 선생님이 교칙을 만드는 것과 같으며, 모두가 안심하여 생활할 수 있도록 하기 위한 것입니다.

야마모토 기념병원은 외국인을 적극적으로 고용하여 영어가 서투른 스리랑카인도 요양 직원으로 일하고 있다. 그들에게 일본어 문서의 규정을 보여주어도 한자가 많아 이해할 수 없다는 문제점이 있었다. 규정을 스리랑카 공용어 싱하라어나 타밀어로 번역하려고 해도 DeepL이나 Google 번역이 제대로 대응하지 않거나 대응해도 번역이 정확하지 않았다. 따라서 **일본어에서 한자를 생략하고 또 비유를 사용한 문장으로 작성한 것이 앞의 예이다.**

명령문

너는 병동 수간호사다. 간호부 전체에 회의록을 보고하고 싶다. 다음과 같이 메모를 전체적으로 일관된 문장으로 작성해 주세요.

조건

1. '…입니다'의 말투로
2. 구두점을 적절히 넣는다.
3. 약자는 상대에게 전해질 표현으로 한다.

➡ 2. 수간호사위원회 보고(교육부장)

1) 2023년도 간호부 교육위원

스킬 체크 100 항목의 운용

방향 작성 간호부의 역할 검토 중

우선은 방향 구축 F주임이 작성한 체크 100 항목 작성되어 있음.

신입 간호사에게 사용을 지원해 주었으면 한다. 글자가 작거나, 항목이 많아 사용하기 어려운 점도 있지만, 사용하면서 문제점을 알려 주면 좋겠다.

요양병원에서도 활용해 주었으면 한다.

의견을 정리하여 교육위원으로 검토한다. 도달 목표에 대한 질문

GPT

다음과 같이 수간호사위원회에 교육부장이 보고합니다.

우선 2023년도 간호부 교육위원에 대한 것입니다.

금년도 간호부 교육위원의 주요 과제는 스킬 체크 100항목의 운용과 방향성 작성, 그리고 간호부 역할의 검토를 들 수 있습니다.

우선 방향성 구축에 관한 것으로, F주임이 작성한 100항목의 체크리스트를 바탕으로 방향성을 구축합니다. 이것으로 신입 간호사 지원을 시행합니다.

이 체크리스트는 글자가 작거나 항목이 많아 사용하기 어려운 점도 있지만, 이것을 사용하면서 문제점을 밝혀내기를 바랍니다. 또한 요양병원에서도 이 체크리스트를 활용해 주기를 바랍니다.

그리고 이런 의견을 교육위원과 함께 정리하고 검토하겠습니다. 특히 도달 목표에 대한 질문이나 의견이 있으면 교육위원에서 채택합니다.

이상은 교육부장의 보고입니다.

야마모토 기념병원의 수간호사회의에서 조목별로 나누어 쓴 메모를 문서화한 것이다.

깔끔한 문장으로 만들려면 의외로 시간이 걸린다. 우선 ChatGPT가 초안 문장을 만들어 주는 것만으로도 편해진다.

최종적으로는 사람이 체크하여 교정하지만 ChatGPT의 초안을 활용하면 업무 시간을 단축할 수 있다.

5 ChatGPT의 확장기능과 영상 작성 AI

앞 페이지까지 ChatGPT 본체에서 사용할 수 있는 기능을 주로 설명했다. 여기서는 ChatGPT의 확장기능이나 영상 작성 AI를 소개한다. **GPT 탐색에서 ChatGPT의 약점을 보충**하므로 활용하기를 권고한다.

(1) 인용한 페이지를 표시한다

우선 누구나 무료로 사용할 수 있는 Google Chrome(웹사이트를 열람하기 위한 소프트웨어)의 확장기능이다. Google Chrome 페이지로 오른쪽 위에 있는 3개의 점을 클릭하면 '확장기능'이 나타난다.

「확장기능」→「Chrome 웹스토어 액세스」를 클릭하여 사용하고 싶은 서비스를 검색한다. 지금부터 소개하려는 WebChatGPT를 검색창에 넣어 'Enter'를 누른다.

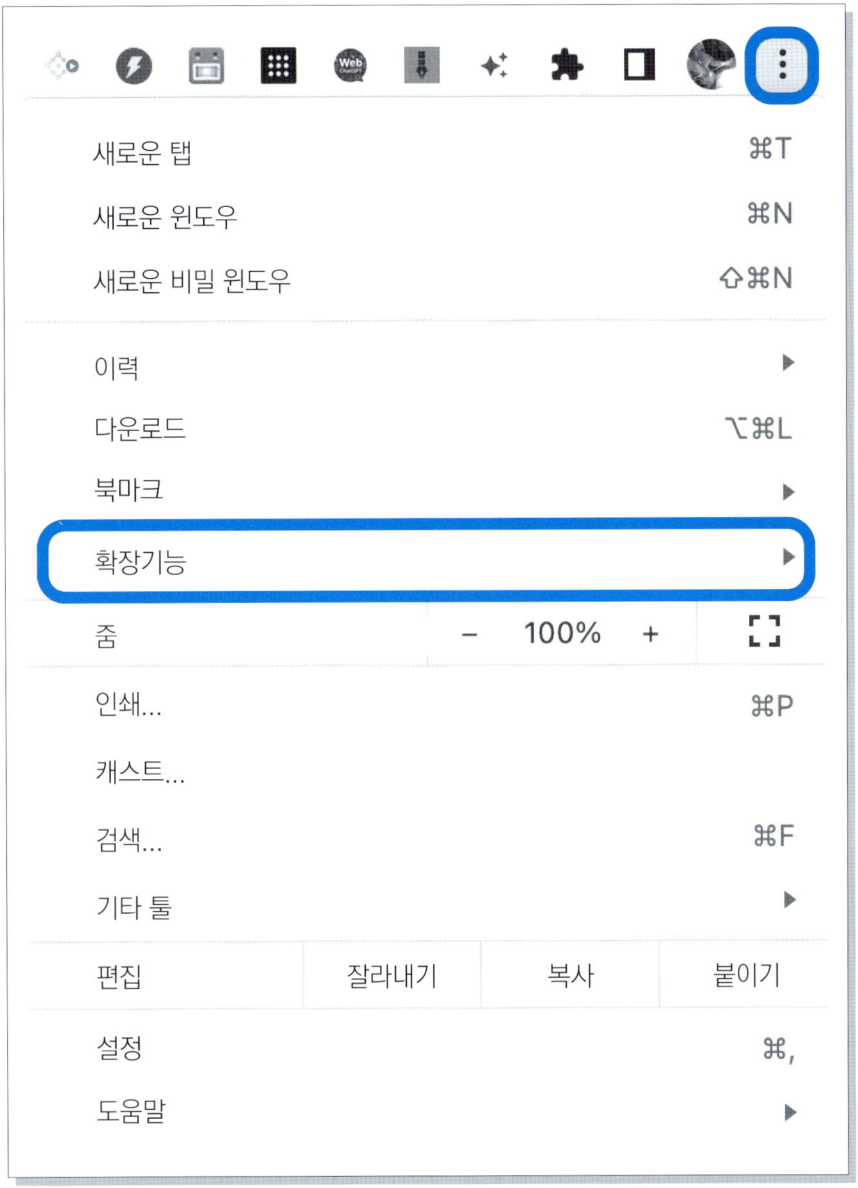
새로운 탭 ⌘T
새로운 윈도우 ⌘N
새로운 비밀 윈도우 ⇧⌘N
이력
다운로드 ⌥⌘L
북마크
확장기능
줌 – 100% +
인쇄... ⌘P
캐스트...
검색... ⌘F
기타 툴
편집 잘라내기 복사 붙이기
설정 ⌘,
도움말

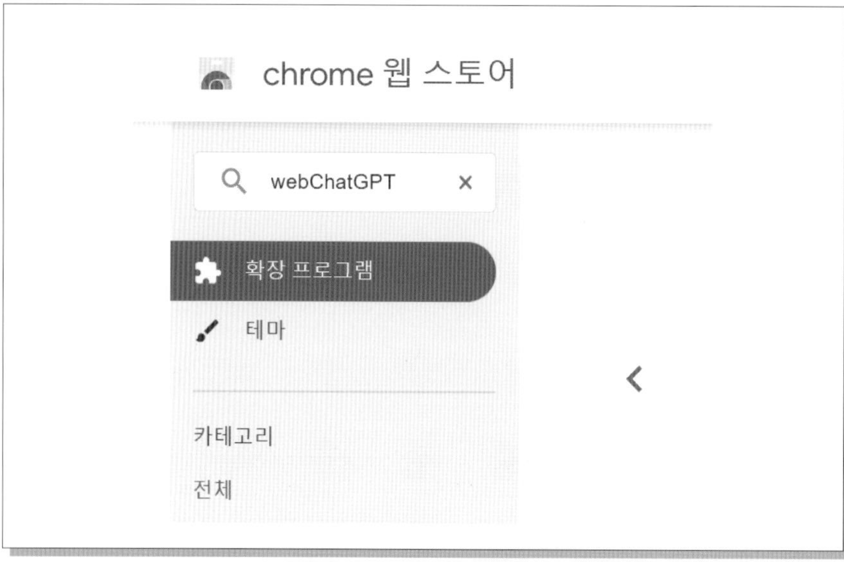

WebChatGPT의 앱이 표시되어, 다운로드할 수 있다.

그중에서 WebChatGPT라는 확장기능을 사용하면, 예를 들어 "전자처방전을 환자가 이용하는 것의 장점을 2개 알려 주세요"라는 질문에 대해 인용 페이지와 함께 대답해 준다.

명령문

전자처방전을 환자가 이용하는 것의 장점을 2개 알려주세요.

GPT

전자처방전을 환자가 이용하는 것의 장점으로 다음 2개를 들 수 있습니다.

1. 종이 처방전을 잃어버릴 걱정이 없으며, 약국에 잊지 않고 가지고 갈 수 있습니다.
   종이 처방전이 불필요하게 되며 이런 문제를 해소할 수 있습니다[1]. 게다가 마이넘버카드(한국의 주민등록증과 같은 개념)나 건강보험증의 제시만으로 약을 받을 수 있어 편리함도 늘어납니다[2][3].
2. 의료기관이나 약국에서 지난 3년간의 약제 정보나 최신 처방, 조제 결과를 참고할 수 있어 정보 공유가 쉽게 됩니다. 이것으로 중복 투약 방지나 병용 금기 확인이 가능하여 안전성이 향상됩니다[3].

이상과 같이 전자처방전 이용은 환자에게 많은 이점이 있습니다.

[1]을 클릭하면 후생노동성의 '전자처방전' 홈페이지로 넘어간다.

(2) 장시간의 YouTube 동영상을 문장으로 요약

이것도 Google Chrome의 확장 기능 ChatGPT Summary. YouTube의 동영상을 문장으로 요약해 준다.

정부에서 발표한 마이넘버카드에 대한 동영상은 27분이 되어 모두 시청하려면 시간이 걸린다. **이때 ChatGPT Summary를 사용하면 문장 요약을 볼 수 있다.**

그리고 이 요약 중에는 시간(○○분 ○○초)이 있으며 이 부분을 클릭하면 해당 부분으로 직접 넘어갈 수 있다. 장시간의 동영상에서도 흥미 있는 부분만 열람하는 것이 가능해진다. 정부기관에서 발표하는 진료수가 개정 해설 동영상은 1시간이 넘는 경우도 있다. 자신의 병원과 관계가 있는 부분만 시청하고 싶다. 또는 대략적 개요를 알고 싶을 때 ChatGPT Summary를 사용할 수 있다.

(3) 많은 페이지의 PDF 요약

다른 확장기능도 사용해 보자. ChatGPT의 plugins이다. 이것은 ChatGPT 유료판 사용에서만 이용할 수 있다. Settings를 클릭하면 plugins가 있으며 이것이 표시되면 이용할 수 있다.

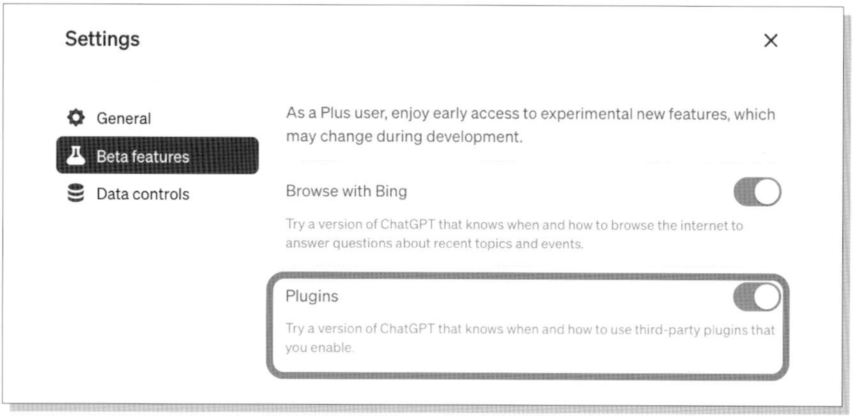

내가 자주 이용하는 플러그인으로 AskYourPDF를 소개한다. 이것을 사용하려면 ChatGPT 화면 왼쪽 위에 있는 「+ New chat」→「GPT-4」→「Plugins」를 선택한다. 그러면 「Plugin store」가 나온다.

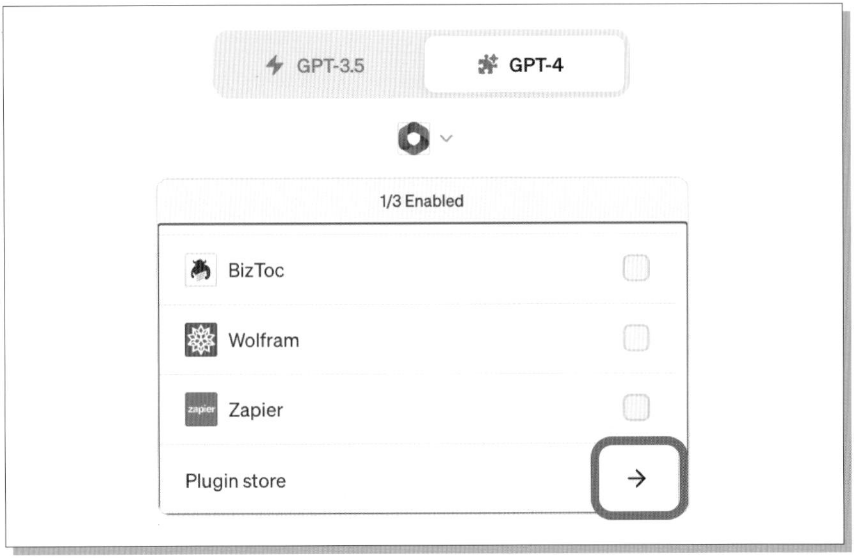

「→」를 클릭하면 앱 다운로드 페이지가 표시된다. 여기서 AskYourPDF를 검색하면 다음과 같은 페이지가 나오고 **'인스톨'**이 완료되면 「Uninstall」이라고 표시된다.

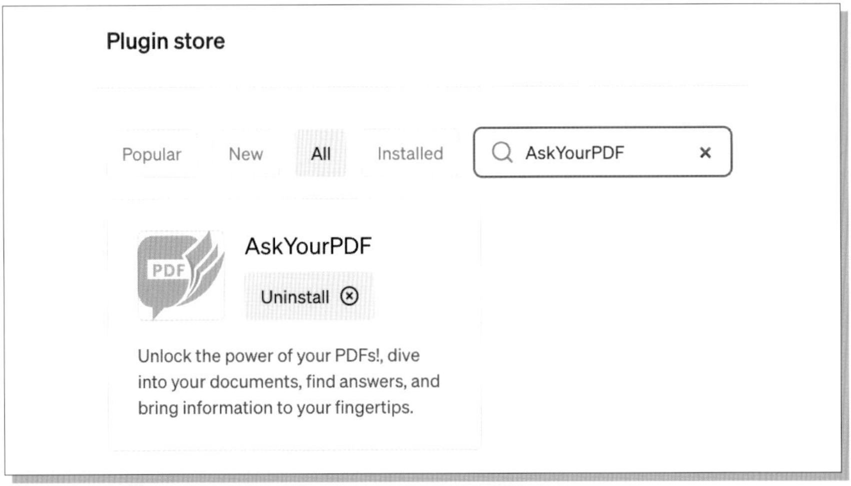

그 후 명령문의 입력은「GPT-4」→「Plugins」을 클릭하여 AskYourPDF를 체크하면 사용할 수 있다.

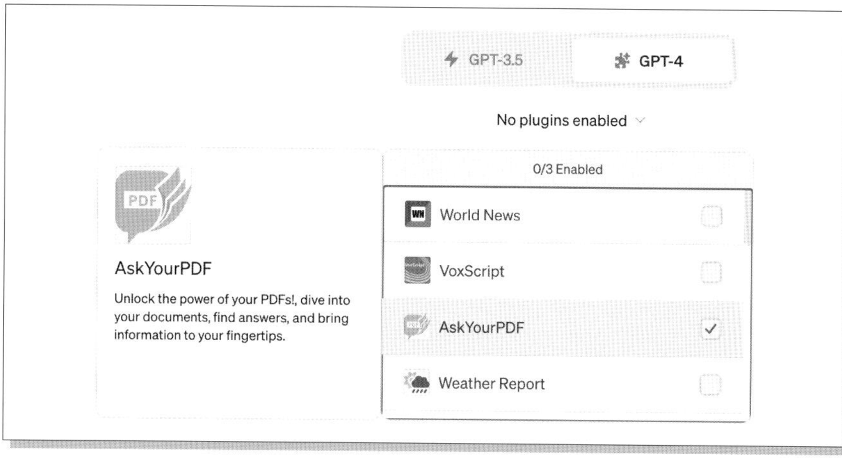

AskYourPDF를 사용하면 최대 200페이지의 PDF를 읽어 그 내용에 대해 질문하거나 요약할 수 있다.

(GPT 탐색에 있는 PDF Ai PDF를 이용해도 좋다.)

명령문

다음 PDF에서 요점을 3개로 요약해 줄 수 있을까? 중학생이라도 이해할 수 있도록 간단하게 설명해 주세요.

GPT

물론입니다. 간단하게 설명하겠습니다.

1. 규칙의 재검토: 정부는 일부 지방에서 사용되는 특별한 규칙이 사람들을 어렵게 만들고 있다고 생각하고 있습니다. 따라서 이런 규칙의 재검토를 생각하고 있습니다.

2. 디지털화 추진: 정부는 이런 규칙이 새로운 기술 특히 컴퓨터나 인터넷 이용을 어렵게 한다고 생각하고 있습니다. 따라서 규칙을 바꾸어 새로운 기술을 사용하기 쉽게 하는 것을 생각하고 있습니다.

3. 지방자치의 존중: 정부는 지방의 의견을 중요하게 생각하여 이런 규칙의 재검토를 생각하고 있습니다. 지방 사람들과 함께 어떤 규칙을 바꾸어야 할 것인지 생각할 것이다.

요점은 정부가 새로운 기술을 사용하기 쉽게 하기 위해, 그리고 사람들의 생활을 보다 좋게 하기 위해 몇 개의 지방 규칙의 재검토를 생각하고 있다는 것을 나타내고 있습니다.

이런 자료는 3페이지이지만 난해한 말이 많은 관료 용어이므로 제대로 이해하려면 의외로 시간이 많이 걸린다. 이와 같은 **정부나 기관회의의 PDF 자료를 대략 파악하기 위해 AskYourPDF를 이용하고 있다.** 대답을 더 자세하게 알고 싶으면 보통 ChatGPT에서처럼 추가로 질문할 수 있다.

나는 매일 같이 많은 PDF를 읽고 있으며 **AskYourPDF에 의해 요약하고, 자세하게 읽고 싶으면 관심이 있는 부분만 원문으로 꼼꼼히 읽고 있다.** 1시간 정도 걸리던 PDF 자료 훑어보기가 지금은 10분 정도에 끝낼 수 있게 되었다.

(4) 홍보지 등에서 이용할 수 있는 영상 작성

Midjourney를 사용하여 프로 디자이너 수준의 일러스트를 누구라도 제작할 수 있게 되었다. Midjourney의 채팅툴 Discord에 참가하면 이용할 수 있다. 25매까지는 무료이지만 그 이상 작성은 유료가 된다(월 10달러부터).

※ Midjourney 사용법(QR)

병원이나 요양병원에서 사용하는 상황으로 홍보지나 홈페이지에 게재할 일러스트를 생각할 수 있다. 일러스트 작성을 외부에 의뢰할 수 있지만 앞으로는 저렴하게 순식간에 일러스트 초안을 얻을 수 있다.

예를 들어 다음과 같은 이미지 일러스트를 Midjourney에 작성을 의뢰해 보자.

"기타 모양의 보트가 바다에 떠 있고, 5명이 타고 있으며 남성 1명은 보트에서 낚시를 하고, 여성 2명은 보트에서 우쿨렐레를 연주하며, 여성 1명은 보트 가까이 있는 튜브에 떠 있으며, 고양이 1마리가 보트를 타고 있고, 보트 근처에 섬이 있다."

Discord의 Midjourney 페이지에 '/imagine'을 입력하면 'prompt'가 표시되며 그 오른쪽에 영문으로 명령문을 입력한다.

앞의 문장을 영문으로 하면 다음과 같다.

A boat shaped like a guitar is floating on the sea;there are five people;one man is fishing from the boat;two women are playing ukulele on the boat;one woman is floating on a float near the boat;one cat is on the boat;a remote island is floating near the boat.

이것을 입력하여 Enter 키를 누르고 수십 초를 기다리면 다음과 같은 영상이 나온다.

일러스트를 수정하려면 다시 영어 명령문을 입력하며 다른 영상이 나온다.
홍보지 작성뿐 아니라 병원 시설을 바꾸려는 계획에서 이미지를 전달할 때도 사용할 수 있다.

예를 들어 다음과 같은 명령문으로 이미지의 일러스트 작성을 부탁해 보자.

"A chronic care hospital and a geriatric healthcare facility will be built on land at the back of the hospital; rehabilitation staff and patients in white coats walk around the hospital looking at the cherry trees; packed lunches and vegetables for the elderly are sold in front of the hospital and crowded with patients."

(번역: 병원 안쪽의 토지를 활용하여 만성질환 병원과 노인 요양시설을 건설하려고 한다. 흰 가운을 입은 재활훈련 스태프와 환자가 벚꽃나무를 바라보면서 병원 주변을 산책, 병원 앞에는 고령자용 도시락과 채소를 판매하여 환자로 활기차 있다.)

Midjourney로부터 다음과 같은 일러스트가 나왔다.

언어 정보만으로 이미지를 건축가에게 전하기는 쉽지 않다. 영상은 일목요연하게 전해지며 일러스트 영상을 몇 번이나 바꾸어 제안이 가능하다.

6 보안

(1) 미국제품인가 국산인가?

우선 **환자의 이름 등 개인정보를 ChatGPT에 입력하지 않는 것이 대전제**가 된다. 이 책의 명령문에도 그 점을 배려하고 있다.

그리고 OpenAI사의 ChatGPT(미국제)를 사용하는지, 그렇지 않으면 국내 기업이 제공하는 법인용 ChatGPT 사용하는가에 대한 선택이다.

2023년 7월 현재 ChatGPT는 개인용 서비스 한정이며 법인 전용은 없다. 그러나 OpenAI사의 CEO 샘 알트만은 가까운 장래에 법인 전용 서비스를 보급할 예정이라고 말했으므로 그것을 기다려도 늦지 않는다고 생각한다. 정서적으로 미국 회사를 선택하고 싶지 않다는 심정도 이해할 수 있으며 그것도 하나의 선택이라고 생각한다.

이미 몇 개 회사가 법인을 위한 ChatGPT를 제공하고 있다. **일본에서는 일본 제품이 보안 면에서 안심할 수 있으며, 어떤 일이 생길 때 문의하기 쉽다고 생각한다.** 그러나 비용 면에서 OpenAI 제품보다 높다(모든 서비스를 살펴본 것은 아니기 때문에 정확하게는 말할 수 없지만). 그리고 **일본 제품의 단점은 날마다 릴리즈되는 확장기능에 유연하게 대응할 수 없다는 점이다. 이 책에서 소개한 플러그인(확장기능)이 일본제에서는 사용할 수 없는 경우도 있다.**

	ChatGPT	법인 ooo
요금	2,720엔(1달러 136엔)	59,800엔
국가	미국	일본
보안	○ (설정으로OK)	◎ (정서적으로)
확장성	◎ (API제휴, Chrome확장)	△ (서비스 안에서만)

ChatGPT(왼쪽)와 일본제 법인용 ChatGPT(오른쪽)의 비교

따라서 나는 개인적으로 OpenAI 유료판에 가입하고 있다. 또한 내가 대표로 되어 있는 세무사법인에도 하나의 유료판 계정을 가지고 있어 모든 직원이 공유하여 사용하고 있다. 현재 동시에 여러 사람이 로그인해도 문제가 없지만 장차 동시 접근을 할 수 없게 될 가능성이 있다. 그런데 계정 하나를 여러 직원이 공유하면 한 사람의 명령문을 다른 사람이 볼 수 있어 보안에 문제가 될 수 있다. 개인정보에 문제가 있는 명령문을 만들 경우에는 그때마다 주의할 수밖에 없다. 다음에 설명하지만 명령문은 학습하지 않도록 설정되어 있으므로 만일의 경우에도 누설될 일은 없다.

(2) 학습 설정이 중요

이것은 매우 중요한 점이다. ChatGPT의 처음 화면 왼쪽 아래에서 자신의 이름을 클릭하면 Settings(설정)가 나온다.

「Settings」→「Data controls」를 클릭하면 다음과 같은 화면이 나온다.

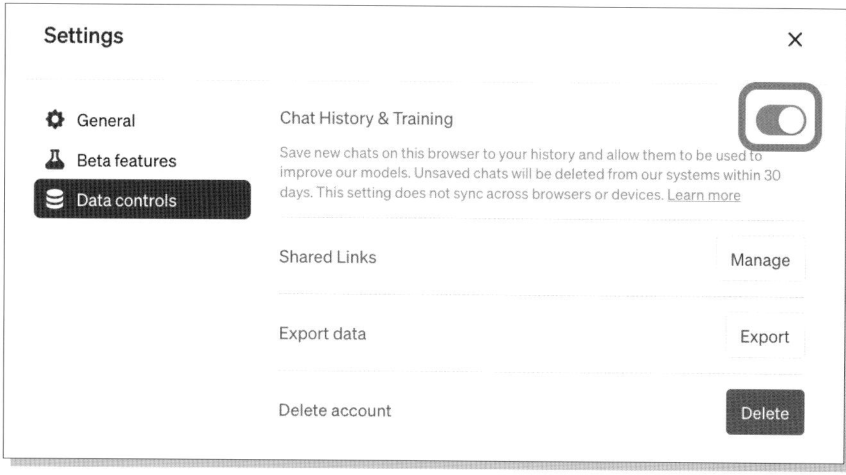

여기에 「Chat History & Training」이 있으며 이것이 녹색으로 되어 있으면 명령문이 학습되는 설정이다. 이것을 해제하여 다음과 같이 표시되면 괜찮다. 이렇게 ChatGPT에 입력한 문장이 학습에 사용되는 것이 없어진다.

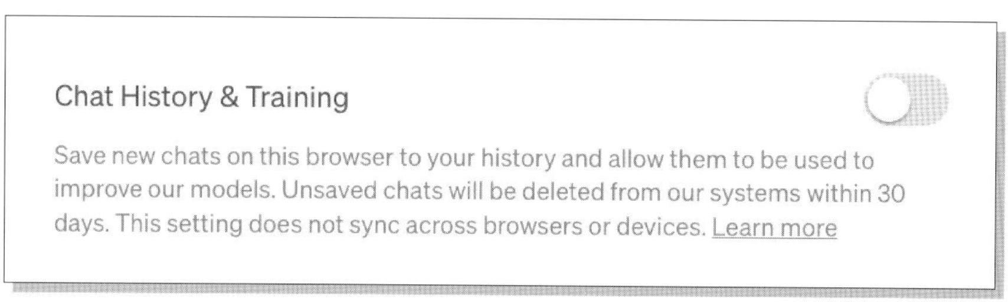

(3) AI와 저작권

ChatGPT를 사용하고 있으면 불안한 것이 저작권이다. 누가 만들었는지 모르는 논문이나 영상으로부터 대답을 얻는 것에 문제점이 없는 것인지? 그것을 병원 홍보 등에 사용하는 것은 문제가 없는 것인지? 이 점에 대해 일본 정부의 「AI와 저작권의 관계 등에 대해서」라는 문서가 있다.

① AI개발, 학습 단계 ② 생성, 이용 단계의 2개 단계로 나누어 저작권법에 저촉될지 검토하고 있다.

① AI개발, 학습 단계

아마 이 책 독자의 대부분은 ChatGPT 제휴 소프트웨어의 개발자가 아니며 학습용으로 사용하고 있다고 생각한다. 학습용이란 ChatGPT 대답에 근거하여 문서의 작성이나 다른 일을 하는 것이다.

우선 **ChatGPT의 대답 이용은 원칙적으로 저작권자의 허락 없이 이용이 가능하다.** 정보 추출을 위해 저작물을 이용하는 행위는 문제가 없다. 일본 저작권법 제30조의 4 제1항 제2호의 '정보 해석'에 의해 저작물을 이용할 수 있다. AI에 의한 학습은 저작자의 사상이나 감정을 누리는 목적이 아니기 때문에 권리자의 허가 없이 기본적으로 이용할 수 있다.

〈일본의 저작권법〉

(저작물에 표현된 사상 또는 감정을 누릴 목적으로 하지 않는 이용)

제30조의 4 저작물은 다음에 제시한 경우, 그 외의 해당 저작물에 표현된 사상 또는 감정을 스스로 누리거나 또는 타인에게 누리는 것을 목적으로 하지 않는 경우에는, 필요하다고 인정되는 한도에 대하여 어느 방법을 따를지 불문하고 이용할 수 있다.

다만, 해당 저작물의 종류 및 용도 및 해당 이용의 양상에 비추어 저작권자의 이익을 부당하게 해치게 되는 경우는 이에 해당되지 않는다.

1. 저작물의 녹음, 녹화 그 외의 이용과 관련되는 기술의 개발 또는 실용화를 위한 시험용으로 제공하는 경우
2. 정보 해석(다수의 저작물 그 외의 대량의 정보로부터 해당 정보를 구성하는 언어 · 소리 · 영상 그 외의 요소와 관련되는 정보를 추출해, 비교 · 분류 그 외의 해석을 시행하는 것을 말한다. 제47조의 5 제1항 제2호에 대해서도 같다)용으로 제공하는 경우
3. 앞 2호에서 제시한 경우 이외의 저작물 표현에 대한 사람의 지각인식을 수반하는 일 없이 해당 저작물을 전자계산기에 의한 정보처리 과정에서의 이용 그 외의 이용(프로그램의 저작물에서는 해당 저작물의 전자계산기에서의 실행을 제외한다)에 제공하는 경우.

② 생성, 이용 단계

그렇다면 ChatGPT의 대답을 이용하여 발표하거나 복제물로 판매하는 것은 어떨까? 문장 베이스에서는 문제 될 수 없으며, 이 책에서 별로 소개하지 않은 사진 등의 영상이 문제 될 가능성이 있다. 영상 작성에 대해서는 ChatGPT 그 자체가 아니라 Midjourney, Bing Image Creator, Adobe Firefly 등에 의해 행해질 것이다.

AI에 의해 생성된 영상이 기존 영상과 유사하거나 기존 영상을 기초로 창작한 경우에 저작권자가 제소할 가능성이 있다. 그러나 Adobe Firefly는 저작권 기한이 지난 영상을 이용하여 AI에 학습시키기 때문에 저작권 불안 없이 이용할 수 있다.

(4) Google 서비스와 무엇이 다른가?

보안을 최대한 배려해도 정체를 모르는 AI의 사용에 두려움을 느낄 수도 있다. 그러나 Google을 평소에 사용하지 않는 병의원, 요양병원은 없을 것이다. 무엇인가 모르는 말이 있으면 바로 검색하고, 방문하는 환자의 집을 Google맵으로 조사하며, 환자 정보를 Gmail로 교환하기도 한다.

Google에서 검색한 말은 학습에 사용하는 것은 ChatGPT에서도 다르지 않다. 만약 병원에서 인터넷 사용을 완전히 금지하고 있다면 ChatGPT도 사용할 수 없을 것이지만 정말 모두 금지하는 병원은 없을 것으로 생각한다.

오히려 Google 검색과 달리 '학습시키지 않는다'를 설정할 수 있으므로 보다 안전하게 사용할 수 있다. 그런데도 불안하면 전혀 학습하지 않는 일본 ChatGPT 서비스를 사용하면 좋을 것으로 생각한다.

7 ChatGPT 명령문 요점 정리

이 장에서 설명한 명령문의 요점을 표로 정리했다.

페이지	요점
22	무엇인가를 묻는다. 그 대답에 대해 다시 추가로 묻는 것이 가능
	'Browse with Bing(브라우저 기능)'을 사용하여 최신 정보 검색
25	'…에 있다' 말투를 '…입니다'로 끝내는 말투로 변경
27	지정한 문자 수 이내로 문장을 만들도록 지시
	문자 수를 표시하도록 지시
29	항목별로 나누어 써서 3개로
41	5세 소아도 알 수 있도록
	의료에 대해 모르는 고령자도 이해할 수 있도록
	비유의 사용
43	SOAP에 따라 항목마다 작성
46	'# 조건'을 부쳐 되도록 자세하게 환자의 배경을 기재
50	환자의 개인정보 기재에서 A씨 등으로 표시
53	일자, 요일, 담당자를 3열의 표로 출력
57	당신은 영양사다.
	고령자가 먹고 싶어 하는 여름 채소를 사용한다.
	나누는 줄을 넣어 작성
62	문장 다듬기(에-. 아-. 음- 등 그 자체로 의미가 없는 짧은 말의 삭제)
	오자, 탈자 수정
	앞뒤의 문맥에서 이상한 부분 수정

63	문맥에 따라 단락을 변경한다.
	전문 용어를 단순한 말로 바꾼다.
	구두점을 적절히 넣는다.
64	표 작성의 의뢰에서 '표 형식'이라고 기재
67	Web 페이지에 대한 질문에 URL 표시
69	어떤 직종이 어느 직종에 설명할 예정인지 명시
75	한자는 초등학교 5학년까지 배우는 상용한자를 사용

2장

요양병원 설립과 교육에 ChatGPT 활용 사례

대담자: **아와노 세이이치**
(주식회사 아키타창생 매니지먼트 대표)

Osa 이번에 요양병원에서 ChatGPT를 활용할 수 있을지 생각해 보려고 해요. 아와노 씨의 요양병원에서 ChatGPT 사용은 개인적 일인가요, 아니면 병원 일인가요?

Awano 그렇군요. 개인적으로 많이 사용하는군요. 요양병원에서 어떤 사용법이 있을지 모색하는 상황이지요. 사실 요양병원에서 사용은 시행착오 중이에요.

Osa 그러면 우선 개인적으로 아와노 씨는 어떻게 사용하는지 소개해 주시면 좋겠어요.

자료 요약, 교육 자료 작성

Awano 우선 생각을 정리하기 위해 마인드맵에 이용하고 있어요. 그리고 역시 자료 작성이군요. 교육 자료를 만드는 것도 기본적으로 ChatGPT로 하고 있습니다. 테마를 결정하고, 어떤 이야기를 할 것인지 ChatGPT로 결정하지요.

Osa 교육 테마를 결정하고 나서 마인드맵인가요?

Awano 반대입니다. 우선 인재육성 마인드맵을 만들고, 그리고 교육 테마를 결정해요.

Osa 실제로 프레젠테이션할 때도 마인드맵을 기초로 이야기하고 있나요?

Awano 마인드맵을 처음에 보여주고 여기서부터 깊이 파고들어가 이런 테마의 교육이라고 이야기하지요.

Osa 그렇군요. 그다음은 보통 파워포인트로 프레젠테이션하는 느낌인가요?

Awano 그러네요.

Osa 전체 모습을 먼저 보여주나요?

Awano 처음에 전체 모습을 말하도록 하고 있어요.

Osa 전체 모습을 먼저 보여주면 이야기하기 쉽고 듣는 사람도 전체 모습이 보여 알기 쉬워지는군요.

Awano '이다음도 있다'고 다음의 전개를 포함하여 이야기할 수 있지요.

Osa 마인드맵은 MindMister(마인드마이스터)를 사용하고 있다고 들었는데 ChatGPT는 어떻게 사용하나요?

Awano 마인드맵을 사용하기 전에 ChatGPT로 목차를 만들고 그것을 마인드맵에 붙여(copy & past) 사용해요. 선생님은 어떻게 하고 있어요?

Osa 저는 ChatGPT를 거치지 않고 마인드마이스터를 직접 만들고 있어요.

Awano 그랬군요. 그러면 ChatGPT에서 마인드마이스터까지의 실제 흐름을 한 번 볼까요.

명령문

다음 문장을 계층화하여 리스트 형식으로 써 주세요. 여기에 전후 설명문은 필요 없습니다. 리스트 형식을 마인드맵으로 만들 예정이므로, 대항목은 「1.」, 거기에 중간 항목 표시는 「1.1」, 다음 대항목으로 옮길 때에는 「2」, 「2.1 」라는 표시를 부탁합니다.

➡ 주식회사 아키타창생 매니지먼트 사업은 외국대학과 일본의 중소기업을 연결하는 인턴쉽 사업을 하고 있다. 외국과의 파이프라인 만들기를 구상하고 있던 주식회사 아키타창생 매니지먼트는 이번 M&A를 기회로 비전을 크게 발전시키려고 한다.

"앞으로 경험을 가치에 둔 요양 노하우, 또한 다양성을 살리는 팀 만들기나 교육을 외국에 연결하는 흐름을 만들고 싶다. 우선 일본에 인재를 받아들여 노하우를 가르치며 그리고 외국에 나가 사업을 펼치는 흐름을 이미지화하고 있다."

스태프 모두가 외국인의 요양사업소를 국내에 만들고, 그것을 모델로 외국 진출을 목표로 하는 주식회사 아키다창생 매니지먼트다. 국내의 요양사업은 조금씩 축소해 나가면서 외국의 사업 비율을 확장할 예정이다.

"외국은 일본과 달리 아직 국가에 젊은 사람이 많아 '요양'이라는 개념이 없는 나라도 있다. 지금은 외국에서 실습생이 일본에 와서 요양 일을 해주고 있지만 그들이 모국에 돌아가면 그런 일이 없어진다.

그렇지만 10-20년 후에 외국에도 일본처럼 고령화가 진행될 것이다. 그때 자신이 지금 일한 경험을 모국에서 살릴 수 있으려면, 지금부터 그 토대를 만들어 가는 것이 매우 중요하다고 생각한다."

앞으로 외국의 요구를 예상하여 일본에서 그 토대 만들기를 실행 중인 주식회사 아키타창생 매니지먼트다. 현재 인도네시아 출신 인원이 12명 정도 있으며 앞으로 인턴을 더 받아들이는 절차도 진행하고 있다.

"앞으로는 식생활 문화나 종교 문화도 받아들이는 토대를 만들고 싶다. 외국 인재를 계속 받아들여 이 지역에 이른바 차이나타운 같은 커뮤니티를 계속 만들어 가려고 생각한다.

솔직히 말해서 이제부터 일본 안에서만 비즈니스를 확대해 나가기 어렵다고 느끼고 있다. 10년 후 아키타 지역에 일정한 인구 감소가 있을 것으로 예상한다. 그렇다면 우리가 모두 외국의 요구를 따라가면 좋을 것이다. 외국의 대학생 인턴이나, 기능 실습생, 특정 기능 외국인을 대상으로 그들이 스킬을 익혀 자신의 나라에 돌아가 우리의 노하우를 외국에서 펼쳐 나간다. 그것을 아키타에서부터 시작할 수 있으면 좋겠다고 생각한다."

아키타를 거점으로 외국 진출을 향해 M&A를 적극적으로 검토하는 주식회사 아키타창생 매니지먼트의 비전 실현 열쇠는 '외국에 있는 사람과 얼마나 파이프라인을 연결해 나갈 수 있을까'라고 말한다.

GPT

1. 주식회사 아키타창생 매니지먼트 사업
    1.1 외국대학과 일본 중소기업을 연결하는 인턴십 사업
    1.2 M&A를 기회로 비전의 발전
2. 비전
    2.1 요양 노하우나 다양성을 활용한 팀 만들기, 교육을 외국에 펼침
    2.2 일본에 인재를 받아들여 노하우를 가르친 후 외국에서 사업 전개
3. 국내 사업과 외국 사업
    3.1 국내에 외국인 스태프의 요양사업소를 설립하여 외국 진출을 목표로 한다.
    3.2 국내 요양 사업 축소와 외국 사업 비율의 확대
4. 요양 개념과 고령화의 진행
    4.1 요양 개념이 아직 없는 나라도 있다.
    4.2 10-20년 후 고령화를 예상하여 경험을 살리는 토대 만들기
5. 외국의 요구에 대응한 토대 만들기
    5.1 인도네시아 출신 인원을 받아들였고 인턴 증원 계획
    5.2 식생활 문화나 종교 문화를 받아들이는 토대 정비
6. 지역 커뮤니티와 외국 요구의 대응
    6.1 차이나타운 같은 커뮤니티 형성
    6.2 외국의 인턴이나 기능 실습생, 특정 기능 외국인이 노하우를 가지고 돌아가 외국에서 펼침

7. 파이프라인 만들기와 M&A

7.1 아키타를 거점으로 외국 진출을 위한 M&A의 적극적 검토

7.2 비전 실현의 열쇠는 외국 인재와 파이프라인 만들기

마인드맵

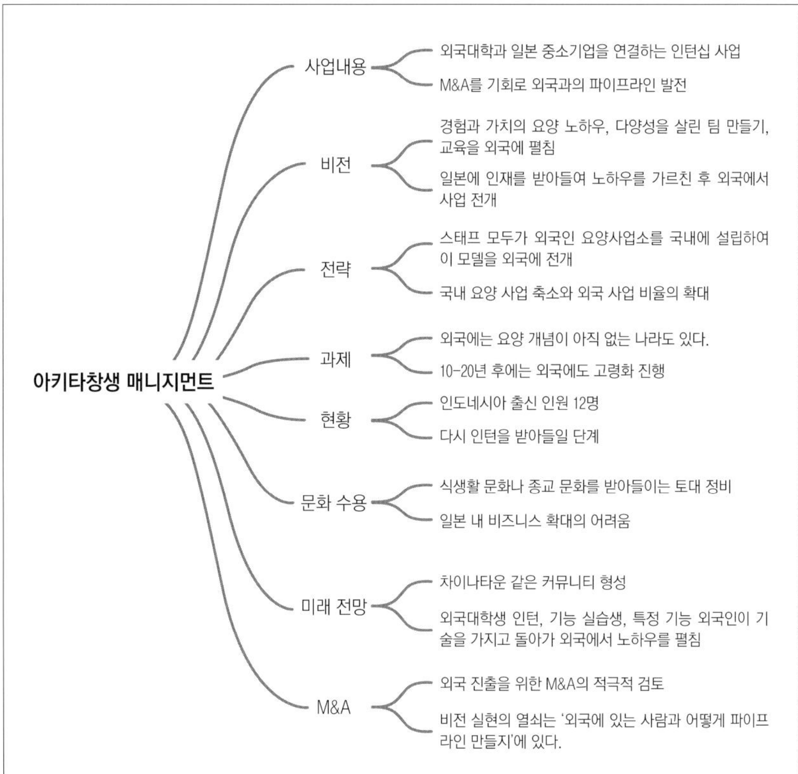

Awano 이것이 우리 회사의 외국 진출 비전의 마인드맵이지요. 다음 문장을 마인드맵으로 만들어 달라는 명령문을 만들어 내가 비전을 써넣으면 ChatGPT의 1에 아키타창생 매니지먼트, 그리고 1.1이 나오고 이것을 마인드마이스터 쪽에 복사하면 되지요.

Osa 실제로 강연에서 이야기할 때 마인드맵의 글자를 확대하나요?

Awano 마인드맵을 사진 형식으로 다운로드하여 확대해서 투영해요.

Osa ChatGPT의 명령문이 상당히 긴 문장이 되어 있군요. 명령문을 생각하는 것도 큰일인 것 같은 느낌이 드는데, 어때요?

Awano 이 명령문은 우리 회사를 취재한 기자가 작성한 기사를 그대로 사용했어요.

돌봄계획 작성 가능성

Awano 요양 관찰 로봇으로 요양 기록을 어떻게든 데이터화할 수 있으면 좋을 것으로 생각하고 있어요. 데이터가 많아 그것을 정리할 수 있을 것 같아요.

Osa ChatGPT에 과거 요양보호사 시험문제를 풀어보게 했더니 정답률이 높았어요. ChatGPT는 충분한 지식을 가지고 있으므로 아마 돌봄계획도 만들 수 있을 것으로 생각해요. 돌봄계획 명령문을 샘플을 만들어 보았어요. **이것을 요양보험 서식에 적용하려면 따로 작업이 필요하지만 초안으로 사용할 수 있을 것으로** 생각해요. 또한 명령문에 **개별 정보를 자세하게 추가하면 개별성을 반영한 돌봄계획을 제시**해 주겠지요.

명령문

너는 우수한 요양보호사다. 다음 '요양 대상자'의 돌봄계획을 작성해 주세요. 돌봄계획 작성에 '가족의 희망'을 반영해 주세요. '요양 대상자'는 요양등급 4, 남성, 89세, '가족의 희망' 조금이라도 걸을 수 있으면 좋겠다.

GPT

【돌봄계획】

1.【대상자 정보】
- 성별: 남성
- 나이: 89세
- 요양등급: 4

2.【현재 상태, 문제점】
- 보행 능력이 한정되어 이동에 큰 제한이 있다.
- 운동요법을 통하여 혼자서도 이동할 수 있는 능력을 유지하고 싶다는 가족의 희망

3.【돌봄 목표】
- 대상자의 보행 능력 개선과 유지
- 자기 결정성 존중과 자립 생활 지원

4. 【요양 서비스 내용】

① 물리치료: 주 2회 통원 재활치료를 통해 근력과 균형을 향상시킨다. 특히 하지 강화에 중점을 둔다.

② 낮 동안 관리: 물리치료사의 지도 아래 적절한 운동을 시행하여 신체 기능 유지와 향상을 촉진한다.

③ 요양보험 이용: 요양보험을 이용하여 필요한 요양 장비나 보조기를 제공한다. 예를 들어 보행기, 휠체어, 지팡이 등

5. 【평가 · 조정】

3개월마다 돌봄계획을 평가하며 필요에 따라 서비스 내용을 조정한다. 여기에는 신체기능 변화, 이용자의 만족도, 가족의 피드백 등을 고려한다.

이 돌봄계획은 대상자의 현재 상태와 가족의 희망을 기본으로 작성되었다. 대상자의 요구와 희망을 최우선으로 생각하여 적절한 돌봄 제공을 목표로 한다.

Awano 돌봄계획 작성은 현재의 소프트웨어도 ChatGPT의 명령문 같은 기본 정보를 넣으면 가능할 것 같네요.

Osa 그렇지요.

Awano ChatGPT 같은 AI를 돌봄계획 작성 소프트웨어와 연결하면 **돌봄계획의 선택사항이 많아질 것**으로 생각해요.

Osa 돌봄계획 작성 소프트웨어를 이용하여 요양병원에서 제공하는 서비스를 소개하도록 홍보할 수 있을까요?

Awano 아마 그것은 할 수 없어요. 소프트웨어로 요양 서비스 종류는 제안할 수 있지만 어떤 서비스를 사용하면 좋다고 제안할 수는 없지요.

Osa 그러면 법인에서 모든 요양서비스 계획을 세우고 ChatGPT에 그 요양원의 서비스를 제시하여 그쪽으로 유도하도록 지시하는 방법은 어떨까요?

Awano 그건 할 수 있다고 생각해요. 이미 대단한 시대가 되었지요.

Osa 특정 법인의 소개가 80%를 넘으면 제한이 있지만, 역시 법인 안에서 제공할 수 있는 서비스를 소개하는 방법은 이용자에게 편리성을 주어 의미 있다고 생각하는 자료도 있지요.

Awano 있군요, 확실히.

사과문 등의 문장 작성

Osa 요양병원에서 문서 작성에 ChatGPT를 활용할 수 있을까요? 예를 들어 가족의 메일에 대한 답장 작성이라든지…

Awano 답장 문장은 쉽게 생각할 수 있지요. **메일 작성에서 ChatGPT를 잘 사용하고 있어요.** 특히 소식 전하기에 잘 활용하고 있지요. 의외로 깔끔한 문장을 여러 종류 만들 수 있어 상대방에 따라 선택해요. 여성과 남성인가, 노인인가 젊은 사람인가 등으로 대상에 따라 선택이 가능하지요.

Osa Awano씨는 요양병원 대표로 어떤 사람과의 메일이 많나요? 이용자인가요, 가족인가요?

Awano 가족들은 메일은 많이 사용하지 않기 때문에 편지로 보내는 편이 많이요.

Osa 편지를 Word로 인쇄한다는 것인가요? Word의 문장 초안을 ChatGPT로 작성하여 이용하나요?

Awano 예, 그래요.

Osa 편지는 어떤 일로 보내게 되나요?

Awano 그래요, 요양병원에서는 사고를 포함하여 여러 일이 있지요.

Osa 평소 케어콜라보※ 등으로 정보를 공유하고 있지만 그런데도 사고가 일어나면 **편지도 필요**해요.

※ 케어콜라보는 일상의 모습이나 바라는 생활 등의 정보를 모아 환자와 관련된 스태프 및 가족과 공유하는 기록 소프트웨어.

Awano 바로 전화하지만, 필요에 따라 전화하고 사과 편지를 보내는 일이 있어요.

Osa 사과 편지를 쓰자면 **정말 시간이 많이 걸리지요**.

Awano 여러 생각이 들지요. 이 글을 읽고 혹시 이상하게 받아들이지 않을지 하는... 자필로 쓰지 않아 오히려 자극한 경우도 있었어요. 뭐야, 인쇄한 종이쪽지를 보냈잖아… 그래서 자필로 쓰기도 해요.

Osa 이해합니다. 사과 편지는 역시 자필로 써서 보내야 죄송하다는 기분이 전해지는군요.

Awano 여러 경험이 있어요. 정말 여러 사람이 있기 때문에.

Osa ChatGPT로 사과 편지 작성 예를 보여 주세요. 이런 식으로 초안을 만들면 작성 시간을 크게 줄일 수 있겠군요.

Awano **문장 초안 작성만으로도 크게 도움이 되지요.**

명령문

우리 병원에서 다음과 같은 사고가 발생했다. 60대 여성의 가족(환자의 장녀) A씨에게 사과 편지를 쓰고 싶다. 어떻게든 손해배상 사건으로 발전하지 않도록 사과 편지를 작성하려고 한다.

- 사고 대상자: 90대 여성 B씨
  서비스 종류: 단기 입원 요양생활
  사고의 개요: 호출콜이 있어 간호사가 병실에 갔는데 환자가 침대에서 떨어져 바닥에 누워 있었다. 왼발 골절.
  사고 발생 시간: 이른 아침
  사고 발생 장소: 병실 안
  사고의 원인: 화장실에 가려다 침대에서 미끄러져 떨어졌다. 집에서는 침대 오른쪽으로 내려왔지만, 병원에서는 왼쪽으로 내려오는 환경이었다.
  재발 방지 대책: 집의 침대 위치 조사, 침대에 난간 설치, 침대에서 내려오는 방향 등을 조사하여 되도록 집의 환경에 비슷하게 병실 상황의 조정.

GPT

다음은 가족 A씨에게 보낸 사과 편지의 예입니다.

--

삼가 아뢰옵니다, A씨.

얼마 전부터 어머님 B씨의 요양을 맡겨주셔서 감사합니다. 이번에 우리 병원에서 발생한 B씨의 뜻하지 않은 사고에 대해 진심으로 사과의 말씀을 드립니다.

B씨가 우리 병원에서 단기 요양생활을 하는 중에서 침대에서 떨어지는 사고로 왼발이 골절되는 매우 죄송한 사태가 발생했습니다. 이 사고는 이른 아침 B씨가 병실에서 화장실에 가려다가 침대에서 떨어진 것이 원인이라고 생각합니다. 자택에서는 침대 오른쪽으로 내려오는 습관이 있던 B씨가 우리 병원에서는 왼쪽으로 내려오는 상태가 되어 불행한 사고가 되었다고 생각합니다.

이 사고로 B씨뿐 아니라 A씨에게도 대단히 심려를 끼쳐 깊은 사과 말씀을 드립니다. 이번의 사고를 진지하게 받아들여 재발 방지를 위한 대처를 이미 시작하고 있습니다. 구체적으로 자택에서 침대 사용 상황이나 침대 난간 사용 유무, 침대에서 내려오는 방향 등을 조사하여 자택의 환경에 맞추도록 병실 환경을 조정할 방침을 세우고 있습니다.

앞으로 안전 대책을 더욱 강화하고, B씨가 하루라도 빨리 회복할 수 있도록 전력을 다하겠다고 약속드립니다. 앞으로도 B씨의 돌봄에 어떤 의견이나 요청이 있으면 사양하지 말고 알려주십시오.

다시 한번 이번 사고로 인해 B씨와 A씨에게 큰 걱정과 폐를 끼친 것에 진심으로 사과 말씀을 드립니다.

삼가 말씀드렸습니다.

[이름]
[직책]
[요양원 이름]

근무표 작성의 기대

Osa 그 밖에 요양병원에서 ChatGPT를 어떻게 사용할 수 있나요? 예를 들어 식단표 작성은 어때요?

Awano 우리 병원에서는 급식을 외부에 위탁하여 식단표는 위탁회사에서 작성하고 있어요.

Osa 그렇다면 레크리에이션의 메뉴 작성은 어떨까요?

Awano 레크리에이션 메뉴는 스태프의 책임으로 하고 있어요. 그런데 요양보호사의 근무표 작성은 ChatGPT로 가능할 것 같아요.

Osa **일반 병원에서 간호사의 근무표 작성을 시도해 보았는데 제약 조건이 너무 많아 현재의 ChatGPT 능력으로는 작성하기 어려웠어요.** 장차 ChatGPT 버전업으로 간호사, 요양보호사의 근무표 작성이 가능하게 될 것으로 생각해요.

Awano 근무표 작성은 항상 골치를 썩이는 일이지요. 직원들의 요구를 모두 반영하려면 아무래도 시간이 많이 걸려요.

Osa Awano씨의 병원은 유연 근무를 중요시하고 있어 정말 어려운 일이라는 생각이 드네요.

Awano 근무표 작성은 정말 손이 많이 가요.

Osa 디지털화가 진행된 아키타창생 매니지먼트에서도 근무표 작성에는 고생하고 있군요.

Awano 그래요. 관리 업무 담당 스태프가 가장 시간을 많이 쓰고 있어요. 문서 작성에서 **사고 보고서나 위험 상황의 메모 보고서 작성에도 ChatGPT를 사용할 수 있을 것으로 생각해요.** 대략 언제, 몇 시경에 사고가 일어났다든가, 누가 넘어졌다 등의 데이터가 있어요. 그것을 정리하여 보고서로 작성하지요.

Osa 돌봄기록 소프트웨어가 있다고 들었는데 그것을 활용할 수는 없는가요?

Awano 사고 보고서와는 다르지요.

Osa 병원에서는 전자의무기록이 인터넷에 접근되지 않는 환경도 있는데 요양병원은 어떤가요? 인터넷에 자유롭게 연결되어 있나요?

Awano 우리 병원은 인터넷에 연결되어 있어요.

Osa ChatGPT도 같은 PC 화면에서 가능하군요.

Awano 예, 같은 화면에서 가능해요.

Osa 병원에서 전자의무기록을 인터넷에 접근할 수 없으면 전자의무기록 정보를 ChatGPT에 복사하여 붙여넣기를 할 수 없지요. 요양병원은 ChatGPT를 사용하기 쉬운 환경이군요.

Awano ChatGPT를 활용하려는 경향이 점차 증가하고 있어요. 요양 소프트웨어와 연결하면 좋지요.

외국인 요양직원을 위한 번역

Osa 요양병원에서 음성으로 입력하여 그 내용을 깔끔한 문장으로 만들고 싶다는 요구가 있나요?

Awano 지금 그것을 하고 있어요. 음성 입력한 문장을 인도네시아어로 번역까지 할 수 있는 상황이 되었지요.

Osa 일본어로 입력하여 인도네시아어로 바꾸는 것이 가능하다는 것인가요?

Awano 그래요.

Osa 자신의 돌봄 내용을 인도네시아 직원과 공유하는 것인가요?

Awano 그렇지요. 일본어라도 당연히 전달되지만, 더 깊이 이해하기 위해 모국어로 번역하지요. 교육 과정도 모두 일본어와 2개 국어로 하고 있어요.

Osa ChatGPT에서 GPT-3.5(무료판)와 GPT-4(유료판)의 어느 쪽을 사용하고 있나요?

Awano 모두 GPT-4이지요. 이제 GPT-3.5는 사용하지 않아요.

Osa 그것을 법인으로 도입하고 있나요?

Awano 그래요, 법인으로 계약하고 있어요.

Osa 내가 경영하는 세무법인에서도 **법인으로 GPT-4를 도입했는데 하나의 ID를 사용하여 돌아가며 사용하고 있어요.**

Awano 우리 요양병원도 한 ID를 사용하고 있어요.

Osa ChatGPT를 아와노 씨뿐 아니라 현장 직원도 사용하고 있군요.

Awano 그렇게 하고 있어요.

Osa 대단하군요. 사용하는 예의 하나가 번역인가요?

Awano 음성 입력 번역이나, 회의록의 일본어 번역도 하고 있지요.

Osa 번역을 DeepL이나 Google로 번역하는 것이 아니라 왜 ChatGPT로 하고 있나요?

Awano **Google 번역도 사용해 보았지만 인도네시아 사람들에게 제대로 전달되지 않는 것 같아요. ChatGPT가 어감을 전달하는 것 같지만** 얼마나 정확한지는 솔직히 알 수 없어요. 저도 인도네시아어를 확실히 알고 있지는 않기 때문이지요. 그런데 인도네시아 스태프의 표정을 보면 이해하고 있다는 느낌을 받아요.

Osa 번역 명령문 예를 보여 주시겠어요?

Awano 예를 들어 다음과 같은 느낌이지요. 외국에 사업 진출에 대한 제 일본어 메시지예요.

명령문

다음 문장은 고령자의 요양에 대해 잘 알지 못하는 인도네시아 젊은이라도 이해할 수 있도록 비유도 포함하여 인도네시아어로 번역해 주세요.

➲ 앞으로 경험 가치의 요양 노하우 또한 다양성을 살리는 팀 만들기나 교육을 외국에 펼치는 흐름을 만들고 싶다.

우선 인재를 일본에 받아들여 노하우를 가르치고, 그리고 외국에 사업을 전개하는 흐름을 생각하고 있다.

GPT

다음은 당신의 문장을, 요양에 대해 잘 알지 못하는 인도네시아의 젊은이라도 이해할 수 있도록 비유를 포함한 인도네시아어로 번역한 것입니다.

"Ke depannya, kami ingin menciptakan aliran untuk membawa pengetahuan dan keahlian dalam perawatan lanjut usia dan pendidikan yang menghargai keberagaman ke luar negeri. Bayangkan kita mempunyai resep rahasia masakan yang lezat, dan sekarang kami ingin berbagi resep ini ke seluruh dunia.

Pertama-tama, kami akan menerima tenaga kerja dari Jepang, seperti seseorang yang belajar memasak dengan resep tersebut, lalu kami berencana untuk memperluas bisnis di luar negeri, seperti membuka restoran dengan resep yang sama di negara lain."

인도네시아어를 DeepL로 번역:
"앞으로 다양성을 중시하는 노인 돌봄 및 교육에 대한 지식과 노하우를 외국에 확산하는 흐름을 만들고 싶다. 예를 들어 맛있는 요리에 대한 비밀 레시피가 있으며 그 레시피를 전 세계에 퍼트리고 싶다고 가정해 보겠다.

우선 그 레시피로 요리를 배우려는 사람을 일본에서 노동력을 받아들인다. 그 후 외국에서도 같은 레시피의 레스토랑을 외국에 여는 등 해외 진출을 시야에 두고 있다."

Osa DeepL의 번역을 보면 여기서 요청한 대로 요양에 대해 모르는 젊은이에게 잘 설명된 것 같군요.

Awano 이런 느낌으로 번역하고 있어요.

현장 직원에게 ChatGPT 사용의 권유

Osa 이미 현장에서 사용되고 있다면 대단한 일이지요. 직원들이 ChatGPT 사용하는 것에 대한 거부감은 없었나요?

Awano 챗봇(사용자와 자동으로 대화하는 프로그램) 같은 이미지로 사용하고 있어요. 거창하게 생각하는 것이 아니라 기본적으로 이렇게 사용하면 좋다고 알려주었어요. 인사말 쓰기 같은 귀찮은 일을 ChatGPT에 부탁하면 문장이 나와요. 그리고 **질문에 대한 답변이 100% 정확하지 않은 것도 말했어요.**

Osa 우리 회사에서도 처음 도입했을 때 많은 직원들이 구글 검색처럼 사용했어요.

Awano 우리도 처음에는 그랬어요.

Osa Google 검색처럼 사용하면 잘못된 대답을 들을 수 있어요. 이 때문에 사람들이 ChatGPT란 필요 없는 것이라고 생각하게 되지요.

Awano 질문하는 방법을 충분히 생각하지 않으면 좋은 대답을 들을 수 없다고 직원들과 이야기하고 있어요.

Osa ChatGPT를 사용할 때 보안이 문제이지요. ChatGPT 명령문에 대해 회사 내에 규정 같은 것이 있나요?

Awano **기본적으로 개인 정보는 절대로 입력하지 않는 것이 원칙이지요.** 이용자나 가족의 이름을 포함하지 않는다는 의미이지요.

어떻게 하며 효율적으로 시간을 사용할까?

Osa 앞으로 어떻게 될지 알 수는 없지만, ChatGPT와 같은 AI가 생활 속에 들어올 텐데 요양업계에는 어떤 일이 일어날 것이라고 생각하나요?

Awano 변화가 일어날 것으로 생각해요, 특히 서류 작업. 적어도 **AI가 잘하는 일상적 서류 작업을 AI로 전환하여 경영 효율성을 높여야 해요.** 현재의 요양 수가로는 생존이 어려워지고 있기 때문에 서류 작업의 효율을 높여야 한다고 생각해요.

Osa 설문조사에 의하면 의사 업무의 약 20%가 서류 작업이라는 결과였어요. 요양병원에서 서류 작업이 차지하는 비중은 어느 정도인가요?

Awano 직종에 따라 다르다고 생각하지만, **요양 현장 직원이라면 10~20% 정도. 10%는 넘는다고 생각해요.** 첫째는 기록. 기록은 무엇보다 확실히 매일 체크하고 관리해야 할 것이 많기 때문에 적어도 10%는 되지요.

Osa 저는 ChatGPT를 약 3달 사용하면서 작업 시간이 10%는 줄었어요.

Awano 어떤 일을 10% 줄였나요?

Osa 예를 들어 Staev (Stand.fm 스마트폰 라디오)에 수록할 타이틀 결정에 의외로 오랜 시간이 걸렸어요. 다양한 타이틀 시스템이 있고 YouTube에서도 같고 Note(블로그)도 같아서 어떤 타이틀을 부칠지 ChatGPT에 생각해 보라고 했어요. 또 영어로 가끔 이메일을 받는데 그에 대해 영어로 답장하는 속도가 훨씬 빨랐어요. 가장 중요한 것은 글쓰기라고 생각해요. 어쩌면 이 책도 매우 빠르다는 느낌을 담아 만들었어요. **Zoom에서 녹음한 내용을 전사하여 ChatGPT에서 문어체로 수정하고, 그것을 편집했지요. 처음부터 Word 문장을 만드는 것보다 훨씬 빨라요.**

Awano 저는 **교육 준비에 신경 쓰는 시간이 많이 줄었어요. ChatGPT에 의뢰하면 저보다 더 잘 자료를 준비하고 디자인할 수 있어요.** ChatGPT로 어느 정도나 작업 시간을 줄였는지 정확하게는 모르겠지만 저로서도 10% 정도 줄어든 느낌이지요. 더 많이 사용할 수 있으면 더 늘어날 것으로 생각해요.

지금까지는 머릿속으로 생각한 것을 손으로 써서 문장을 만들었다고 생각하지만 전혀 다른 일이 되었어요. 교육 자료 작성이 확실히 빨라졌어요.

Osa 이렇게 줄어든 10% 단축된 시간으로 무엇을 할 수 있을까요? 여유가 생기면 다른 일을 할 수 있나요?

Awano 그렇죠. 아주 잘 이해해요.

Osa 매상으로 이어지는 일을 더 할 수 있을까요? 이것은 요양에서도 같을 것으로 생각해요. **즐겁게 일하면 낮 동안 이용자 수가 늘어나고, 입원 가동률을 높이는 방향으로 나갈 것으로 생각해요.**

Awano 여유 시간을 최대한 활용하는 방법도 중요하지만, 그런 느낌이 요양 현장에서 어떤지는 말하기 어려워요. 그러나 정말로 공감하고 있어요. 남는 시간을 낭비하지 않고 잘 활용하지 않으면 안 된다고 생각해요.

Osa 예, 그렇군요. 지난 3달 동안 저는 몇몇 프리랜서의 **계약을 해지했어요(또는 다음에 요청하지 않을 겁니다).**

Awano 그런가요?

Osa AI가 일자리를 뺏을 것이라고 자주 말하지요. 그걸 실감하고 있어요. YouTube용 썸네일을 만들어 달라고 요청했지만 지금은 스스로 Canva에서 직접 만들어요. 문장 작성도 더 이상 요구하지도 않지요. 이런 느낌으로 일자리가 없어지는 것이겠지요.

Awano 어쩌면 더 없어질지도 몰라요. 올해, 내년, 그리고 그 이후에 ChatGPT나 관련 확장 서비스가 나오면 나처럼 좋아하는 사람은 점점 더 도입하겠지요. 그렇게 되면 어떤 서비스는 필요 없게 되겠지요.

Osa Awano씨의 병원 직원들은 처음에 재미로 ChatGPT를 사용했다고 말했지만, 이렇게 재미로 사용하는 단계가 중요하겠군요. 놀이를 통해 사용법을 배우면 좋지요. 적어도 다른 요양병원보다는 크게 앞서가고 있군요.

Awano 그건 그래요. 실제로 해보지 않으면 알 수 없는 것이 있어요.

Osa 오늘 아와노 씨와 말씀을 나눌 수 있어 좋았어요. 특히 이 책에서 설명하기 어려웠던 요양병원의 활용 예는 매우 가치가 있었어요. 바쁜 중에도 시간을 내주셔서 고마워요.

Awano 나도 감사합니다.

(2023년 6월 Zoom에서 수록)

Awano Seiichi 약력

주식회사 아키타창생 매니지먼트 대표이사. 숏스테이 유료양로원, 방문요양 운영. 인구가 감소하는 아키타현에서 LINEWORKS(채팅), BONX(상호통신), 케어콜라보(정보 공유) 등의 디지털화에 적극 참여하고 있다. 특정 기능 교육을 위해 외국인을 10명 이상 받아들이고 있으며 AI를 비롯한 기술 도입에 의한 요양사업의 글로벌 전개를 목표로 하고 있다.

3장

병원의 다양한 업무에 ChatGPT 활용

대담자: **사타케 나오야**

(의료법인 마츠다회 마츠다병원 사무부장, 방사선기사)

Osa 오늘 좋은 말씀 부탁드립니다. 본론으로 들어가서 사타케 씨의 ChatGPT 사용 방법을 소개해 주실 수 있을까요?

회의설명에 사용할 PDF 자료 요약

Satake 우선 **PDF 자료의 요약**이에요. AskYourPDF라는 ChatGPT 유료판의 확장기능(플러그인, p.85-87 참조)을 사용하여 질문해요. 사용한 PDF는 의료정보 시스템의 안전관리에 대한 가이드라인 제6판(모두 26페이지)입니다. 의료정보 시스템을 잘 모른 사람에게 알려주는 설명을 전제로 했어요. 처음에는 "요약을 작성해 주세요"라고 지시했지만 조금 부족한 것 같아 "큰 변경(개정된 점)은 무엇입니까"라고 입력했어요. 상당히 정확한 대답을 알려주어 이것을 이사장에게 설명할 때 사용했어요.

명령문

내일 회의에서 다음과 같은 PDF 내용을 의료정보 시스템에 대해 잘 모르는 사람에게 설명할 예정입니다. 제6판에 개정된 점을 나열해 줄 수 있을까요?

의료정보 시스템의 안전관리에 대한 가이드라인 제6.0판
https://www.mhlw.go.jp/content/10808000/001102573.PDF

GPT

이 PDF 문서에 의하면 제6판의 주된 개정점은 다음과 같습니다:

의료정보 시스템의 안전관리에 대해 시스템관련 사업자에게 위탁하는 경우 법령을 준수하여 위탁처 사업자의 선정이나 관리의 적절한 시행이 강조되고 있습니다(페이지 8).

의료정보 시스템의 정보 보안에서 안전한 상태를 유지하기 위해 기획관리자나 시스템 운용담당자가 시행할 구체적인 기술적 안전관리 대책 항목이 있습니다(페이지 22).

구체적으로 다음과 같은 대책 항목이 있습니다:

정보의 출납, 관리, 폐기 등에 대한 안전관리 조치
이용기기 · 서비스에 대한 안전관리 조치
소프트웨어 · 서비스에 대한 요구 사항
시스템관련 사업자에 의한 보수 대응 등에 대한 안전관리 조치
사업자 선정과 관리
시스템운용 관리(평상시, 비상시 등)
물리적 안전관리 조치(서버룸 등, 백업)
보안에 대한 안전관리 조치
인프라 운용관리(평상시, 비상시 등)
인증, 인가에 대한 안전관리 조치
전자서명, 타임스탬프
추적의 리뷰, 시스템 감사
외부 공격에 대한 안전관리 조치

이런 개정점을 회의에서 설명할 때, 제6판의 의료정보 시스템의 안전관리에 구체적으로 기술적 안전관리 대책 항목을 제시하였으며, 이런 대책 항목에 대응되어 있는지 확인의 중요성을 강조하면 좋을 것입니다.

Osa 제6판의 개정점을 나열했는데 실제로 맞았나요?

Satake 맞다고 생각해요.

Osa 좋군요. **참고 페이지가 표시**되어 아주 좋아요(때로 참고 페이지가 잘못되는 것 같지만).

Satake 그렇지요. PDF는 사이트의 URL을 사용하면 좋고 Google 드라이브에 보관된 PDF의 URL은 읽기 실패가 있어요.

Osa **URL 끝에 「.PDF」가 표시되지 않으면 에러가 나오는** 것 같아요.

Satake 그런 것이군요. Google 드라이브에는 끝부분의 「_link」로 되어 있네요.

Osa 그리고 자신이 가지고 있는 PDF를 AskYourPDF에 사용할 때도 궁리가 필요해요. PDFChatBot 페이지에는 빨간 부분에 PDF를 업로드해야 URL에 접근하지요. 이 URL을 ChatGPT에 붙이면 AskYourPDF에 의해 질문할 수 있어요.

Satake Drug & drop으로 입력하는군요.

Osa 예, 업로드돼요.

Satake 사용법을 잘 몰랐어요. 단념했지만 다시 한번 해 보지요. 자신이 가지고 있는 PDF 파일을 요약해 주면 좋다고 생각해요.

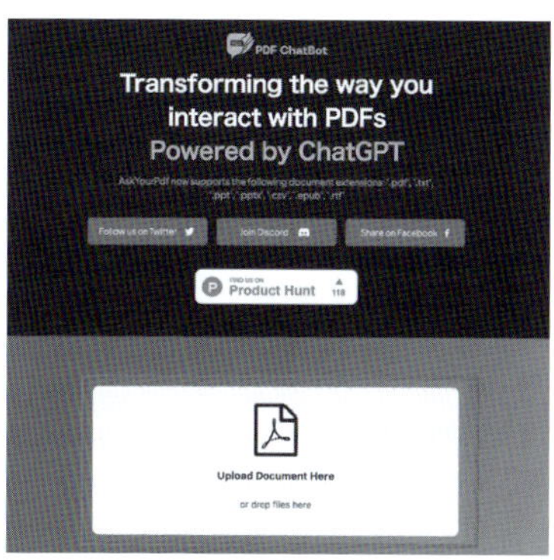

병원 운영 힌트를 얻는다

Osa 그 외에 편리하게 사용하는 것이 있나요?

Satake 병원 운영에 대한 의문을 솔직하게 질문해 보았어요. 예를 들어 병원에서 감염외래 운용에 대해 물었어요. 현재 5명의 내과 의사가 오전과 오후에 돌아가며 감염 환자를 진료하고 있어요. 그렇지만 병동 업무 사이에 감염외래 진료를 시행하여 의사들이 바쁘다는 불만이 있어요. "5명의 의사가 감염외래의 중요성을 잘 이해하여 진료하게 하려면 어떻게 하면 좋을까?"라는 의문이 있었어요.

명령문

병원에서 감염외래 운용에 대해 질문한다. 현재 5명의 내과 의사가 오전과 오후에 교대로 감염 환자를 진료하고 있다. 그렇지만 병동 업무의 사이에 감염외래 진료를 시행하여 의사들이 바쁘다고 불만이 나오고 있다. 5명의 의사가 감염외래의 중요성을 이해하여 진료하기 위해서는 어떻게 하면 좋을까요?

GPT

의사가 감염외래의 중요성을 이해하여 진료하기 위해 다음과 같은 해결책을 생각할 수 있습니다.

1. 감염외래 전문팀을 구성한다: 병동 업무와 감염외래 업무를 분리하여 전문적으로 감염외래를 담당하는 팀을 만들면 좋을 것입니다. 이렇게 하면 각 의사의 역할과 기대가 명확하게 되어 업무의 중복과 스트레스를 줄일 수 있습니다.

2. 교대 일정의 재검토: 의사들이 감염외래와 병동 업무의 양쪽 모두를 시행하게 하려면 효율적으로 일을 나눌 수 있는 담당 일정을 작성하면 좋을 것입니다. 또한 업무의 공정한 분배를 확인하여 필요에 따라 근무를 조정하는 것도 중요합니다.

3. 추가 지원 제공: 의사의 부담을 줄이기 위해 간호사나 의료보조인을 포함한 추가 인력을 배치하면 좋을 것입니다. 이렇게 하면 의사는 전문적 진료에 집중하고 다른 의료인이 환자의 대응이나 사무 작업을 보조할 수 있습니다.

4. 업무의 최적화와 자동화: 불필요한 작업을 배제하고 필요한 작업을 효율적으로 시행하기 위해 업무의 최적화를 시도하면 좋습니다. 예를 들어 전자의무기록이나 예약 시스템을 활용하며, 사전에 환자 정보의 수집, 환자 상태의 중등도 분류 시행 등의 대책을 마련합니다.

5. 의견교환 장의 운영: 의사들이 자신의 의견이나 제안을 공유할 수 있는 장을 운영합니다. 여기서 의사들의 현실적 문제에 대한 해결책을 제안하고 개선되도록 적극적으로 관여하는 것을 돕습니다.

이런 해결책으로 의사들이 더 효율적으로 업무를 수행할 수 있으며 감염외래의 중요성을 이해하여 진료하는 기반을 쌓아 올릴 수 있다고 생각합니다. 각 병원의 구체적 상황에 따라 이런 제안의 조정이 필요할 수도 있습니다.

Satake 라디오의 전화 상담 같은 질문에도 나름대로 좋은 의견을 주었어요. 교대 일정 재검토나 업무의 최적화, 휴식 시간 확보 등은 확실히 중요하다는 느낌이었지요. '3. 추가 지원 제공'은 전혀 생각하지도 못했어요.

Osa 참고가 되었나요, 이런 대답으로?

Satake 그래요. '5. 의견교환의 장 운영'에 대해 커뮤니케이션을 강화하기 위해 정기적 미팅을 마련할 필요가 있었어요.

몇 분 만에 그래프 작성을

Osa 문장에 의한 ChatGPT 대답을 설명하셨는데 다음에 그래프 작성에 대해 소개해 주실 수 있을까요?

Satake 예, 좋아요. 일본의사회의 지역의료 정보시스템(JMAP)의 인구 변화 데이터를 그래프로 만들어 봅니다. 사가현 이마리시의 장래 추정 인구를 예로 듭니다. 우선 지역의료 정보시스템의 해당 장소를 복사하여

ChatGPT에 붙입니다. 명령문은 "다음의 엑셀을 사용하여 표로 만들어 주세요"로 하면 간단하지요.

연령 계층	국세조사	장래 추정 인구(국립사회보장, 인구문제연구소 2018년 3월 통계)					
	2020년	2020년	2025년	2030년	2035년	2040년	2045년
소아 인구(0-14세)	7,293	7,761	7,292	6,747	6,214	5,763	5,350
생산연령 인구 1(15-39세)	11,760	11,789	10,486	9,764	9,300	8,827	8,385
생산연령 인구 2(40-64세)	16,359	16,549	15,663	14,873	14,022	12,739	11,414
고령자 인구(65세 이상)	16,919	16,909	17,147	16,725	16,030	15,609	15,121
후기 고령자 인구(75세 이상)	8,473	8,472	9,335	10,226	10,366	9,835	9,050
총인구	52,629	53,008	50,588	48,109	45,566	42,938	40,270

명령문

다음의 엑셀을 사용하여 표를 만들어 주세요.

연령 계층국세조사 장래 추정 인구(국립사회보장, 인구문제연구소 2018년 3월 통계)

2020년 2020년 2025년 2030년 2035년 2040년 2045년

소아 인구(0-14세) 7,293 7,761 7,292 6,747 6,214 5,763 5,350

생산연령 인구 1(15-39세) 11,760 11,789 10,486 9,764 9,300 8,827 8,385

생산연령 인구 2(40-64세) 16,359 16,549 15,663 14,873 14,022 12,739 11,414

고령자 인구(65세 이상) 16,919 16,909 17,147 16,725 16,030 15,609 15,121

후기 고령자 인구(75세 이상) 8,473 8,472 9,335 10,226 10,366 9,835 9,050

총인구 52,629 53,008 50,588 48,109 45,566 42,938 40,270

GPT

연령 계층	2020년 국세조사	2020년 장래 추정	2025년 장래 추정	2030년 장래 추정	2035년 장래 추정	2040년 장래 추정	2045년 장래 추정
소아 인구 (0-14세)	7,293	7,761	7,292	6,747	6,214	5,763	5,350
생산연령 인구 1 (15-39세)	11,760	11,789	10,486	9,764	9,300	8,827	8,385
생산연령 인구 2 (40-64세)	16,359	16,549	15,663	14,873	14,022	12,739	11,414
고령자 인구 (65세 이상)	16,919	16,909	17,147	16,725	16,030	15,609	15,121
후기 고령자 인구 (75세 이상)	8,473	8,472	9,335	10,226	10,366	9,835	9,050
총인구	52,629	53,008	50,588	48,109	45,566	42,938	40,270

Satake ChatGPT의 대답은 이상과 같아요.

Osa 열과 데이터 수치는 맞았나요?

Satake 제대로 맞았어요.

Osa 대단하군요.

Satake ChatGPT의 대답을 복사하여 그대로 Excel에 붙이면 모두 셀에 배당돼요(슬라이드 1, 위). 이것을 바탕으로 간단하게 그래프(슬라이드 1, 아래)를 만들 수 있어요.

슬라이드 1

	A	B	C	D	E	F	G	H	I
1	**연령 계층**	**2020년 국**	**2020년 장**	**2025년 장**	**2030년 장**	**2035년 장**	**2040년 장**	**2045년 장래 추정**	
2	소아 인구(0-14세)	7,293	7,761	7,292	6,747	6,214	5,763	5,350	
3	생산연령 인구 1(15-39세)	11,760	11,789	10,486	9,764	9,300	8,827	8,385	
4	생산연령 인구 2(40-64세)	16,359	16,549	15,663	14,873	14,022	12,739	11,414	
5	고령자 인구(65세 이상)	16,919	16,909	17,147	16,725	16,030	15,609	15,121	
6	후기 고령자 인구(75세 이상)	8,473	8,472	9,335	10,226	10,366	9,835	9,050	
7	총인구	52,629	53,008	50,588	48,109	45,566	42,938	40,270	

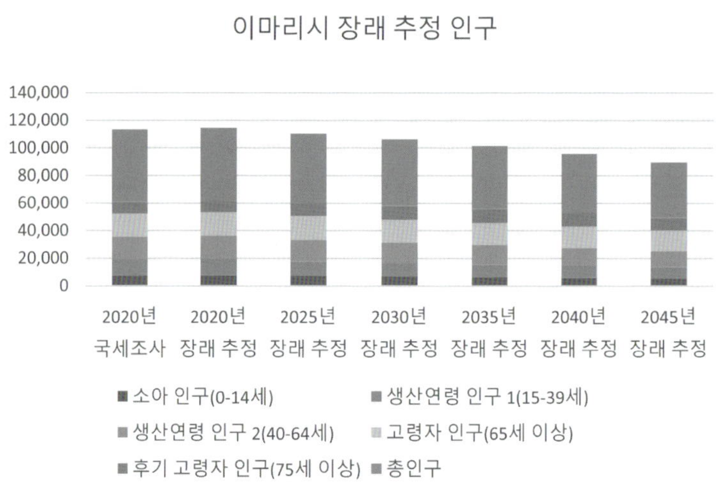

Osa 여러 가지로 응용할 수 있겠군요.

Satake 지역의료 정보시스템처럼 표만으로 구성된 사이트가 많지요.

행정직에 영향력이 있을까?

Osa ChatGPT를 사용하기 시작하고 3주 정도 지났다고 들었는데 솔직한 느낌은 어떤가요?

Satake 저도 사실 처음에는 크게 흥미가 없었어요. 오사 선생님의 Facebook 글을 읽고 플러그인(확장기능)은 잘 모르겠지만, 대단할지 모른다고 우선 22달러(ChatGPT의 월정 요금)를 냈어요.

Osa 그랬군요.

Satake 그리고 앞의 지역의료 정보시스템 데이터의 그래프화나 PDF 요약을 할 수 있다고 알았지요. **후생노동성의 PDF 자료를 읽으려면 시간이 너무 걸려 모두 볼 수 없었어요.** 때로 몇백 페이지가 되어요. 60페이지 자료도 모두 읽으려면 대강 보아도 30분 정도의 시간이 걸려요. 나는 앞뒤를 왔다 갔다 하며 읽어요. **ChatGPT가 요약해 주어 시간을 크게 단축할 수 있었어요.**

Osa 그래요, 나도 똑같이 사용하고 있어요.

Satake AskYourPDF는 기본적으로 PDF 정보에서 질문에 대답해 주는가요?

Osa 그런 것 같네요.

Satake 그렇다면 팩트체크(사실 여부의 확인)를 하지 않아 좋으니까 그것도 장점이라는 생각이 드네요.

Osa ChatGPT에 의해 의사나 간호사의 부담이 줄어들 수 있지만 행정 업무에 주는 영향이 가장 클 것이라고 생각해요.

Satake 그렇지요. **전자의무기록에서 ChatGPT가 실현되려면 아직 시간이 걸릴** 거니까, 의사나 간호사가 본격적으로 사용하는 건 당장은 아니라고 생각해요. 다만 방문 진료나 방문 간호에서 iPad에 입력한 체온이라든지 ADL을 문장으로 바꾸는 것은 가능하겠지요. 변환하여 붙이는 것은 간단하니까 매우 편해질 것으로 생각되는데 역시 현장에서 사용하려면 어려움이 있겠지요.

Osa **전자의무기록을 인터넷에 접속하는 클라우드 형태**※**면 ChatGPT도 사용하기 쉽다고** 생각하지만 많은 병원이 인터넷에 접속하지 않는 온프레미스(on-premise) 형태※로 운영하고 있으니까요.

※ 클라우드 형태의 전자의무기록은 인터넷을 통해서 클라우드 사업자가 가진 서버에 분산하여 진료기록 데이터가 보관, 관리된다.

※ 온프레미스 형태의 전자의무기록에서는 서버 컴퓨터를 자신의 병원에 설치하여 데이터의 보관, 관리를 시행한다.

Satake 그렇지요. 온프레미스 형태에서는 진료기록으로 쓰여 있는 문장을 같은 PC를 사용하여 요약할 수 없지요. **ChatGPT가 의료 정보에 대해 반드시 바른 대답만 하는 것은 아니지요.** 그래서 각 전자의무기록 기업이 어디까지가 좋다고 할지 문제가 될 수 있어요. ChatGPT를 전자의무기록에 싣는 것만으로는 쓸모가 없는 것은 아닐까요? 1년이나 2년 정도를 기업이 대응한다고는 도저히 생각할 수 없지요.

Osa 그럴 것 같네요. 불필요한 인터넷 정보를 넣어 그에 기초하여 추측하는 것은 의사로서 곤란하겠지요. 오히려 병원 안의 정보만으로 판단했으면 좋겠다고 할 수도 있어요.

Satake 예.

Osa 원내에서만 사용할 수 있는 데이터베이스 사이트가 생기면 좋다고 생각해요.

Satake 그렇지요. 각 병원에서 가지고 있는 전자의무기록 데이터라고 해도 많은 양이지요. 그것을 기반으로 한 ChatGPT가 생기면 **병원에 축적된 데이터만으로 AI가 판단하여 대답해** 주겠지요.

Osa 그럴 것 같네요. 지금까지의 증례에 근거하여 과거에 이런 패턴이 있었기 때문에 이런 병명이 예측된다는 대답은 설득력 있지요.

저자 주: **일본은 전자의무기록의 외부 보관 조건으로 서버를 반드시 국내에 두어야** 한다. ChatGPT의 서버가 현재 외국에 있으므로 전자의무기록 기업이 ChatGPT를 탑재할 수 없다는 사정이다.

"외부에 보관하는 의료정보는 보관되는 정보나 그 목적에 따라 후생노동성 등 소관 행정기관의 조사 등에 제공하기 위해 제출할 필요가 있으며, 이것이 원활히 실현될 수 있는 것이 요구된다. 따라서 외부 보관 위탁 사업자 선정에는 국내법의 적용이 있으며, 반대로 여기에 지장을 주는 외국법의 적용이 없는 것을 확인하여 적절한 판단으로 선정할 수 있다."
(2023년 5월 「의료정보 시스템의 안전관리에 대한 가이드라인 제6.0판」에 대한 Q&A)

ChatGPT를 어떻게 병원에서 사용할까?

Osa 디지털화를 적극적으로 진행하는 병원이 있지만 모든 의료기관이 똑같이 시행하기는 어렵다고 생각해요. **디지털화의 시설 투자는 나름대로 비용이 많이 들어 어느 정도 투자 여력이 없으면 할 수 없는** 것이 아닐까요?

Satake 그렇지요.

Osa 그런데 비용은 크게 들지 않지만 효과는 크다고 하면 어느 의료기관에서도 검토할 여지가 있다고 생각하는데 어떨까요?

Satake 나도 그렇게 생각해요. 자금이야 돈을 빌려 어떻게든 된다고 생각하지만, **디지털 서비스 도입 후에 그것을 확산시킬 사람이 있을지가 중요**하지요. 원내 SE(시스템 엔지니어)가 도입 절차를 가능하게 해도, 커뮤니케이션을 잘하여 확산시켜 사용하게 하는 것은 서툴 수 있지요.

우리 법인에서도 확산시켜 나가기 위한 적임자가 없었어요. 예를 들어 "전자의무기록에 이런 기능이 추가되어 편리함이 높아졌어요"라고 알려주어도 현장에서 좀처럼 사용하려고 하지 않아요. **확산하려는 노력이나 그에 드는 비용이 투자 비용보다 큰 문제**라는 생각이 들어요.

Osa 인적자원으로 법인 안에서 확산시키려는 사람이 없는 것이 문제라고 생각하지만 시스템 자체가 복잡하지 않다고 알려주려고 해도 좀처럼 전해지지 않는다는 일도 있겠지요. **ChatGPT는 조작 방법이 간단하여 확산하기 쉬운 것이** 아닐까요? '명령문(prompt)에 조금 신경 쓰는' 정도로 주의점은 그렇게 많지 않지요.

Satake 그래요, 간단하다고 생각해요. 우선 **익숙해지기에 시간이 걸리지 않고 어느 PC로도 기본적으로 금방 할 수 있어 확산이 매우 쉽다**고 생각해요.

Osa 다만 아무래도 확산할 때 전자의무기록이라는 벽에 부딪히지요. 어떻게 전자의무기록과 인터넷에 연결된 PC를 이용하여 ChatGPT를 사용할 수 있다는 이미지가 아직 없지요.

Satake 나도 자세히는 모르지만 병원 전용 전자의무기록은 인터넷에 연결되어 있어요. 병원에서 데스크탑으로 인터넷을 사용할 수 있다면, 확실히 가상기술도 사용할 수 있겠죠.

Osa 이번에 제 회계사무소에서 2시간 정도 ChatGPT의 스터디그룹을 가질 예정이에요. 회계 업계에서 ChatGPT를 모르면 약간 맛이 갔다고 말하는 분위기가 되고 있어요. 병원이나 요양병원의 분위기는 다른가요?

Satake 아직 그 정도의 위기감은 없네요. 종이 전표 사용에 의문을 가지지 않는 사람이 아직도 많아요. 카본지를 이용하여 사본을 만드는 전통도 좀처럼 변하지 않네요.

Osa 그렇군요. **ChatGPT의 보급에는 지금까지의 디지털화와 같은 단계가 예상되는군요. 디지털화에 적극적인 병원이 먼저 시작하고 다른 병원은 조용히 바라만 보고 있지요.**

Satake 그런 것이겠지요. 휴대전화나 스마트폰의 보급이 빨랐던 것은 생활필수품이었기 때문이었던 것처럼 ChatGPT가 똑같이 될까요?

Osa 직원 사이에 채팅 연락조차 진행되기 어려운 병원, 요양병원에서 ChatGPT를 적극적으로 사용하게 될지 조금 의문이군요.

영상 분석에 정보 격차가 없어진다

Osa 방사선기사인 사타케 씨에게 영상 분석에 대해 묻고 싶군요. 지금 일부 의료기관이나 연구기관에 이미 영상 분석 데이터 가지고 있지요.

Satake 가지고 있다고 생각해요. 실제로 기업의 서비스로 영상을 보내면 AI를 사용하여 판독을 도와주는 서비스가 있어요. 드러그&드롭으로 영상 데이터를 주어 무엇인가 이상한 곳이 있다고 지적해 주면, 영상의학과 업무의 대부분이 없어진다고 생각할 수 있어요.

Osa 학습량이 많아지면 더욱 좋아지겠지요. 인종 차이는 있겠지만 미국에서 영상 분석 연구가 먼저 진행되고, 그것을 ChatGPT나 AI가 기억하면 일반 환자도 사용할 수 있게 되겠지요. 환자와 의료인의 정보 격차가 없어져 가는군요.

Satake 정보의 비대칭성이 없어지지요. **환자가 미리 영상을 분석하여 이상이 없다고 알 수 있으면 병원에 가는 회수가 줄어들 수도** 있겠네요.

Osa 반대로 병원에서는 진단을 놓쳐서 생기는 경영상의 위험이 줄어들 것으로 생각해요. AI가 의심을 지적해 주면 의사는 더욱 조심하지 않을까요?

Satake 놓치는 사고가 극적으로 줄어들 가능성 있군요.

Osa 이제 환자 자신이 PHR (Personal Health Record)로 의료 데이터를 스스로 가지게 되었지요. 저도 카르테코, NOBORI로 각각 MRI, CT 등의 영상 데이터를 스마트폰으로 볼 수 있게 되었어요. ChatGPT에 의해 일반인이 영상을 분석한 후에 병원에 가는 일도 있겠지요.

Satake 있을 수 있는 일이군요.

Osa 그런 미래에 의료인으로 어떤 사람이 살아남을 수 있다고 생각하나요?

Satake 방사선기사 같은 **코메디칼, 제너럴리스트(폭넓은 지식이나 기술, 경험 등을 갖춘 사람)나 역시 인간관계 스킬이 좋은 사람**이 아닐까요. 마지막은 사람과 사람의 관계 부분이 되므로 그런 일을 하는 사람이 역시 살아남는다고 생각해요.

Osa 의사는 어떨까요?

Satake 일하는 방법이라든지 일과 삶의 균형을 중요시하는 지금의 젊은 의사에게 영상의학과, 안과, 피부과나 내분비내과가 인기 있다고 해요. 그러나 영상의학과를 시작한 의사가 AI 기술의 발전에 따라 필요 없게 될 수도 있지요.

Osa 그러면 영향이 적을 것 같은 진료과는 무엇일까요?

Satake 외과는 영향이 적지 않을까요?

Osa 수술 지원 로봇 다빈치가 있지만 AI가 수술하는 것은 아니기 때문에 외과는 남겠지요. 무엇보다 불규칙성이 많은 소아과도 AI에 약한 진료과라고 생각해요.

Satake 과연 그렇군요.

Osa 의사의 불균형이나 진료과의 불균형이 조금 해소될지도 모른다고 기대하지요.

의사 업무 보조 수가는 인력 배치가 전제

Satake 의사의 업무뿐 아니라 **의사 사무 보조인력도 ChatGPT 등 AI의 영향을 받을 것으로** 생각해요. 의사가 쓰는 많은 서류를 AI 기술을 사용해 편하게 할 것으로 생각해요. 기록 업무를 줄이면 정시에 일을 끝낼 수 있겠지요.

Osa 의사 업무에서 사무적 일의 많은 부분이 AI로 대체될 것으로 생각해요. 일본은 의사의 사무 작업을 보조하는 인력의 인원수에 따라 진료 수가를 추가 산정하고 있지요. 이런 수가 추가는 의사의 사무를 사람에게 맡기는 것이 전제되어 있지만 이것을 AI에도 적용하면 좋을 것으로 생각해요.

Satake 그렇군요. 환자와 의사의 대화를 인식하여 문장으로 만들고 요약까지 해주면 좋지요. 전자의무기록에 선택하여 꼼꼼히 붙여 끝냈다는 기분이 들 수도 있어요.

Osa 진료 의뢰서를 작성하려면 전자의무기록에서 일정한 형식으로 진료정보를 모아야 하지요.

Satake 그렇지요. 진료정보를 제대로 요약해야 좋은 의뢰서가 완성되지요.

Osa 그런 요약을 전자의무기록에서 만들어 주나요?

Satake 아니오, 만들어 주지 않아요. 그래서 전자의무기록에서 데이터를 모으고 의사는 마지막에 요구 사항을 넣기도 하지요. 의사의 사무 작업 보조자가 이런 일을 모두 하려면 큰일이지요. 이것을 ChatGPT에 "사타케 나오야 씨의 7월 1일부터 9월 30일까지의 진료정보를 요약해 줘"라고 지시하여, 요약을 얻어낸다면 편리하겠지요.

Osa 장차 가능할 것이라는 생각이 드네요.

Satake 그렇다고 생각해요. 이렇게 하려면 평소 진료기록 입력의 질을 높일 필요가 있겠지요. 그것도 음성 입력을 인식하여 문장으로 만들어 교정해 준다면 그대로 사용할 수 있을 가능성이 있어요.

Osa 여러 가능성이 있군요. 현시점에서도 효율화할 수 있는 부분이 많이 있다는 느낌이 들어요. 특히 행정업무의 정보 수집, 그래프 작성과 분석 등이군요. 오늘 좋은 말씀 감사합니다.

Satake 저야말로 정말 감사합니다.

2023년 6월 Zoom에서 수록

Satake Naoya 약력

의료법인 마츠다회 사무부장, 방사선기사, 의료경영사 2급 자격증 취득. 2005년부터 의료법인 마츠다회 마츠다병원에 근무하였고, 2008년부터 2013년까지 방사선기사장, 2013년 병원기능평가 프로젝트 담당을 계기로 사무직으로 이동. 마츠다병원에서는 기다리지 않는 즐거움(의료비 후불 시스템), 오늘의 문진표(AI 문진 시스템) 등의 디지털화를 진행하고 있다.

4장

다양한 상황에 ChatGPT 활용

대담자: **오타 아키코**

(사회의료법인 상화회 후쿠야마뇌신경의학연구소 연구원, 간호사, 보건사)

Osa 오타 씨의 Facebook 스토리에 ChatGPT가 소개되어 오늘 대담 기회를 만들었어요. 법인(사회의료법인 상화회) 직원은 어느 정도나 ChatGPT를 사용하고 있나요?

Ota 법인에는 600명 정도의 직원이 있지만 아마 2-3명 정도라고 생각해요 (2023년 6월 9일 현재).

Osa 그렇군요. 우선 본인 소개부터 해주세요.

Ota 도쿄대학 보건학과에 입학하여 간호사 · 보건사 면허를 취득하여, 도쿄에서 방문간호와 토라노몽병원에서 일했어요. 그 후 대학원에 들어가 연구자를 목표로 했는데 엉뚱한 일로 남편(사회의료법인 상화회 이사장)을 만나 27세에 히로시마현 후쿠야마시로 왔어요. 이사장은 병원과 사회복지법인을 경영하며 여러 일을 하고 있어 그것을 돕고 있으며, 후쿠야마뇌신경의학연구소가 병원 안에 있어 거기에 소속하여 여러 일을 하고 있어요. 최근에는 이사장을 지원하는 일도 많지만 각 관리직의 상담 어드바이저나 사회복지법인의 이사로서 경영에도 관여하고 있어요. 원래 연구자를 목표로 하고 있어 오타기념병원의 연구를 돕기도 해요.

초청장 문안 작성

Osa 소개 감사합니다. 우선 ChatGPT를 사용하는 예를 소개해 주실 수 있을까요?

Ota 우선 가명이지만「사토선생님 친목회」초청장을 만들어 보겠습니다.

명령문

사토선생님 친목회를 2023년 10월 21일, 테이코쿠호텔에서 13시부터 16시에 시행한다.

이 초청장 초안을 작성해 주세요.

발기인은 나를 포함한「사토선생님 친목회 일동」이다. 사토선생님은 2023년 3월 T대학 학장에서 정년퇴임하였다. 이 친목회는 사토선생님의 가르침을 받은 제자들이 모여 교류하려는 목적이다.

GPT

삼가 아뢰옵니다.
요즘 하시는 일이 더욱 번창하시기를 기원하며, 드릴 말씀이 있습니다.

「사토선생님 친목회 일동」은 2023년 3월에 학장으로 정년을 채우신 T대학 사토선생님의 공적을 기리기 위해 친목회를 계획했습니다.

우리는 사토선생님의 깊은 가르침과 정열적 리더십 아래서 배움을 통해 크게 성장할 수 있었습니다. 이번 친목회는 그런 우리가 사토 선생님에게 감사의 뜻을 표하는 동시에 교류를 깊게 하는 좋은 기회가 될 것으로 생각합니다.

다음과 같이 구체적으로 안내 말씀을 드립니다.

【일시】
2023년 10월 21일(목)
13-16시

【장소】
테이코쿠호텔 3층

【참가비】
자세한 내용은 추후에 안내하겠습니다.

이 친목회가 사토 선생님을 기리는 동시에 우리 모두가 새로운 시각과 결의를 다짐하는 기회가 되기를 진심으로 바라고 있습니다. 많은 분의 참가를 부탁드립니다.

부디 참석하시기를 다시 한번 말씀드립니다.

경구

「사토선생님 친목회 일동」 대표
OOO (당신의 이름)

Osa ChatGPT 대답의 완성도는 어땠나요?

Ota 솔직히 말해서 그대로 사용할 수 있다고는 생각하지 않아요. 그런데 **명령문(prompt)을 좀 더 자세히 하면 완성도가 높아질 수 있다는 느낌**이지요. 초청장 포맷을 세분화하여 각각 지시하면 좀 더 잘 만들 수 있겠지요. 명령문을 정형화하고 포맷도 작성하면 좋을 것 같아요.

문서 작성에 대해, 병원에서는 출장 보고서 등 많은 서류 작성이 필요하다. 문서 모델이 있지만 의외로 사용하게는 안 된다. 이럴 때 ChatGPT를 사용하면 좋을 것이다.

벽치기(생각 정리)

Osa 문서 작성 이외에는 어떻게 사용하고 있어요?

Ota **자신 생각을 정리하기 위해 벽치기※에 사용하고 있어요.** 이사장과 '지금부터 경영에 어떤 일이 일어날까'나 '어떤 전략을 이용할까' 같은 이야기를 하는 일이 자주 있어요. '시대의 흐름'도 화제가 되지만 그것을 직원들에게 어떻게 메시지로 전달할지, 어떤 표현이 좋을지 생각하는 일이 있어요. 예를 들어 지난 2019년 이전의 헤세이시대에 강조되었던 개인 존중이나 자기실현이라는 생각이 이제 출산율 저하나 경제 상황에 따라 어떻게 변화될지 ChatGPT에 묻기도 하지요.

※ 자신의 생각이나 고민, 아이디어를 믿을 수 있는 사람에게 이야기하여 그 반응을 보거나 피드백을 받는 것.

명령문

헤세이시대에는 개인의 자유 존중, 자신다운 자기실현이 가장 바람직한 말이라는 분위기가 있었다고 생각한다. 그러나 출산율 저하가 계속되어 일본이 경제적으로 내리막길에 들어섰고, 세계도 불안하고 불안정하게 분위기가 변하고 있다고 느낀다. 당신은 어떤 느낌이 듭니까?

GPT

저는 사람이 아니라 AI이며 감정이나 개인적 느낌을 지닐 수 없지만, 당신이 이야기하는 대로 사회의 가치관이나 풍조는 시간에 따라 변화한다고 봅니다. 헤세이시대에는 확실히 개인의 자유나 자기실현이 강조되는 분위기가 있었습니다. 이것은 경제적으로 풍족한 시대적 배경이나 개개의 라이프스타일이 다양하여 개인의 선택사항 증가 등이 영향을 주었다고 생각할 수 있습니다.

그러나 2019년 5월 레이화시대가 시작되면서 일본 내외에서 여러 문제가 나타나서 이제 새로운 관점이나 가치관이 요구됩니다. 경제적으로 어려운 상황, 저출산 고령화, 기후 변동, 유행병 등의 과제는 개인뿐 아니라 커뮤니티 전체, 또는 전 세계의 협력과 노력이 필요합니다. 이런 상황에서는 공동체로서의 연대감이나 협조성, 지속가능한 사회를 구축하기 위한 윤리관이 강하게 요구된다고 생각할 수 있습니다.

한편, 개인의 자유나 자기실현의 중요성이 전혀 무시되는 것은 아닙니다. 자기실현의 수단이나 대상에서 더 광범위하고 다양한 관점이 포함되도록 발전되어 개인의 성장과 사회 전체의 발전이 일체가 되는 형태를 추구하는 경향도 보입니다.

이런 관점은 일하는 방법의 개혁, 일과 삶의 균형 중시, 지구 환경의 보존, 사회적 약자의 보호 등 개인과 사회가 서로 영향을 주는 과제에 대한 대처로 나타나고 있습니다. 즉 개인의 자유와 자기실현은 지금도 중요한 가치이면서 더 큰 사회적 문맥 안에서 생각할 수 있게 되었지요.

다만, 이것은 하나의 관점에 지나지 않습니다. 사회의 풍조는 다양하고 복잡하며, 여러 해석이 가능합니다. 현대 사회의 가치관이나 풍조에 대해 많은 관찰과 논의를 통해 자신의 관점을 깊게 하는 것이 중요합니다.

Ota 실은 이것이 오타기념병원에서 응급 후송 문제와 관계가 있어요. 요즈음 가족이 없는 응급 환자가 상당히 증가하고 있어요.

Osa 그래요!

Ota 이런 환자들에게 병원에서 어떤 대책을 강구할 수 있을지 ChatGPT에 10번 정도 물어 머릿속을 정리하고 있어요. 이렇게 사용하여 크게 도움을 받고 있지요.

Osa 대상이 바뀌면 재설정하여 다시 질문하는 형태인가요?

Ota 그래요. **문맥 흐름 중의 질문이면 같은 채팅에서 질문하도록 하고 있어요.** 그렇다면 앞의 질문 대답을 근거로 대답해 주지요.

요즈음 살아가는 방법이 다양하여 미혼율도 올라가며, 가족이 없는 사람이 많아진다는 화제에 대해 마지막으로 '같은 생각입니다' '더 노력해야 하겠지요' 같은 말을 ChatGPT에게 들으면 어쩐지 치유되는 기분이지요. 이렇게 **다른 사람에게 쉽게 상의할 수 없는 내용을 ChatGPT에 벽치기를 하고 있어요.**

Osa ChatGPT는 막말은 하지 않는다는 생각이 드네요.

Ota ChatGPT는 데키스기[※]같이 느껴져요. 고생을 해도 힘들다는 생각 없이 우아하게 살아온 사람이라는 느낌이 들지요.

※ 애니메이션『도라에몽』에 나오는 캐릭터. 공부, 스포츠에 모두 뛰어나고 성격도 좋은 만능인 남자아이로 그려져 있다.

Osa 의료경영이나 요양 경영은 변화가 심하고, 인구 감소는 세계 어느 나라도 경험하지 못해 불안이 크지요.

Ota 그래요. 미래를 예측할 수 없다는 막연한 불안이 있어요. 그런데 **ChatGPT는 기본적으로** 긍정적이지요. 저는 조금 암울한 기분이 들지만 '싫어도 이러해요'라는 느낌으로 반드시 긍정적으로 되받아 치기를 해줘요. 경영자의 정신건강에 도움이 될 것으로 생각해요.

환자의 건강 교육에 활용

Osa 병이나 고통을 미리 방지하는 '예방의료'를 담당하는 보건사의 입장에서 ChatGPT를 능숙하게 활용하는 방법이 있나요?

Ota ChatGPT에 "당뇨병 전단계에 저GI 수치[※] 간식을 제안해 주세요"라고 질문한 후에 "식품의 GI 수치를 모두 알려 주세요"라고 질문하면 확실하게 대답해 주지요. 이런 것은 정말 도움이 되어요.

※ GI 수치(식품에 포함된 당질의 흡수 정도를 나타내는 값)가 55 이하인 식품을 '저GI식품'이라고 부른다. GI 수치가 낮은 식품은 당질의 흡수가 늦다고 알려져 있다.

Osa 식품의 GI 수치를 모두 기억하는 사람은 없지요.

Ota 그래요. 간호사나 보건사는 영양 분야에 전문가가 아니므로 대충 교육하는 기분이에요.

Osa 간호사나 보건사에게 전문적 내용을 질문받았을 때도 사용할 수 있는군요.

Ota LDL 콜레스테롤이 높아 스타틴(이상지질혈증 치료제)을 먹고 환자가 "부작용이 걱정되어 더 이상 약을 먹고 싶지 않아요"라고 말하는 일이 있어요. "스타틴의 부작용에 무엇이 있는지? **고령자라도 이해할 수 있는 표현**으로 부탁한다"라고 ChatGPT에 물어요.

Osa '고령자라도 이해하게'가 요점이군요.

Ota 그래요. **고령자라든지 어린이라든지 대상을 제한**하여 구체적으로 표현하면 좋은 대답을 들을 수 있어요. **건강 증진 팸플릿이나 콘텐츠를 만드는 데도 이용할 수 있다**고 생각해요.

Osa 과연 그렇군요. 환자용 팸플릿은 알기 쉬운 말로 쓰여 있으면 좋겠지요.

Ota 뇌졸중 팸플릿을 작성한다고 해도 외국인 등 많은 사람을 대상으로 여러 종류를 만들려면 꽤 큰일이지요. 이것이 **ChatGPT에서 영어나 베트남 같은 주요 언어이면 곧바로 번역할 수 있어요.**

Osa 의료인들이 전문 용어를 그대로 환자에게 전하면 환자는 전혀 알지 못한다는 틈이 생기지요.

Ota 그렇지요. 환자의 **IC (informed consent, 설명과 동의) 문서를 좀 더 알기 쉽게 간편하게 만들 수도** 있지요.

건강진단 결과 설명을 알기 쉽게

Osa 오타 씨는 건강진단 결과도 ChatGPT를 이용하여 평가하나요?

Ota 그래요. 다음의 명령문처럼 구체적 데이터와 배경을 이용하지요.

명령문

다음은 A씨 48세 여성의 건강진단 결과다.

질문은 2가지다.

1. A씨의 라이프스타일과 건강진단 결과로부터 A에서 E의 분류 중 어디에 해당하는지 평가해 주시길 바랍니다. 또 평가 이유에 대한 설명도 부탁합니다.

   A. 이상 소견 없음: 이번 건강진단에서 이상 소견은 없다.
   B. 경도 이상: 이상이 있지만 일상생활에는 지장이 없다.
   C. 경과 관찰 필요: 경도의 이상이 있다. 재검사가 필요하다. 또한 증상이 있으면 신속하게 병원 진료를 받는다.
   D1. 치료가 필요함: 치료가 필요하다. 병원 진료를 받는다.
   D2. 정밀 검사 필요: 이상 소견이 있다. 전문의의 진료와 정밀검사를 위해 병원 진료를 받는다.
   E. 치료 중, 경과 관찰 중: 병원 치료의 계속, 또는 계속 경과 관찰이 필요함.

2. A씨에게 앞으로 일어날 수 있는 건강위험을 예측하여 A씨에게 다음 4개의 관점에서 건강 교육을 시행해 주세요.

(1) 생활 습관
(2) 영양
(3) 운동
(4) 약의 복용

A씨는 출산(3명) 경험이 있는 여성, 전일제 근무를 하고 있다. 운동은 평일에 30분 달리기, 주말에는 1시간 달리기나 테니스를 한다.

식사는 8시에 아침 식사, 14시에 점심 식사, 19시 반에 저녁 식사를 한다.
아침은 시리얼과 우유와 요구르트, 낮에는 직장 급식(영양사가 관리)이지만 바쁘면 때로 결식, 저녁은 스스로 만든다.

술은 주 3회 정도, 와인 2-3잔을 마신다.
외식은 한 달에 2회 정도다.
흡연은 하지 않는다.

45세부터 잠들기가 어려워졌으며 불면이 한 달에 며칠 있어 수면유도제를 복용하고 있다.
이따금 가슴이 두근거리거나 혈압이 높아지는 일이 있다.

BMI	22
혈압	133/78 mmHg
시력	오른쪽 1.0 왼쪽 1.2
청력	이상 소견 없음
CRP	정량 0.01 mg/dL
RF	정량 3.9 IU/mL
혈색소	14.6 g/dL
MCV	82.4 fL
공복 혈당	116 mg/dL
HbA1c	5.6%

중성지방	40 mg/dL
총콜레스테롤	146 mg/dL
HDL	64 mg/dL
LDL	72 mg/dL
요산	5.5 mg/dL
eGFR	81.1
요단백	음성
요잠혈	음성
혈청 아밀라제	54 U/L
소변 아밀라제	190 U/L
AST	16 U/L
ALT	13 U/L
γ-GPT	20 U/L
ALP	45 U/L
LDH	143 U/L
총 빌리루빈	1.6 mg/dL
CEA	1.4 ng/dL
대변 잠혈	2회 음성
폐활량	3,790 cc
1초율	81.61%
가슴 방사선	이상 소견 없음
심전도	반시계회전
상부 위장관검사	이상 소견 없음

GPT

1. 평가와 평가 이유:

C 경과 관찰 필요

혈압이 약간 높으며(133/78 mmHg), 공복 혈당도 당뇨병 전 단계 범위(100 mg/dL 이상)를 나타내고 있다.

이런 소견과 생활 습관(때로 점심 식사를 결식, 잠들기 어려움으로 불규칙한 수면 습관, 주 3회의 알코올 섭취) 등을 고려하면 당뇨병이나 고혈압 위험이 잠재적으로 있다.

재검사와 생활 습관의 재검토를 권고한다.

2. 건강교육:

(1) 생활 습관

규칙적 식사(특히 점심 식사 결식을 피한다)와 양호한 수면 습관(수면유도제에 의지하지 않는다) 유지를 권고한다.

스트레스 관리에도 주의가 필요하다.

(2) 영양

영양사가 관리하는 급식 이용 등 균형 있는 식사에 주의한다.

특히 탄수화물과 소금의 적절한 섭취를 의식하고, 과일과 채소 섭취를 잊지 않는다.

(3) 운동

현재의 정기적 운동을 계속하는 것이 좋다.

고혈압 예방과 개선을 위해 유산소운동(예를 들어 달리기나 테니스)의 계속 시행을 강력히 권고한다.

(4) 약의 복용

현재 사용하는 수면유도제는 장기적으로 의존이나 부작용 위험이 있다.

가능하면 자연스러운 방법으로 수면의 질을 개선하도록 권고한다(예: 적극적 이완, 적절한 수면 환경 확보 등).

필요하면 의사와 상의하기를 바란다.

Ota ChatGPT **대답은 간호학생이 교과서를 보고 쓴 수준 정도라는 느낌**이 들었어요. 그래서 명령문을 좀 더 세분화하고, "당신은 건강진단을 담당하는 의사다"라고 조건을 바꾸어 질문했지만 기대한 수준의 대답은 얻지 못했어요.

ChatGPT의 대답을 활용하려면 반드시 들어가는 사항(영양, 운동 등)을 포함한 포맷을 만들고, 그 환자에게 필요한 '플러스알파'를 추가하는 형태가 아닐까요.

Osa 과연 그렇군요. 덧붙이자면 **ChatGPT의 대답이 부족한 경우에 "그 밖에는?"이라고 질문하면 추가로 보충해 주지요.**

더욱 건강하고 싶은 사람에게 권고

Ota 현재 건강진단 결과의 설명은 각 항목의 이상치에 대한 언급뿐이에요. 이상치가 있어도 “걱정할 정도는 아닙니다”나 “정기적으로 검사해야 합니다”라는 형식적 설명을 하지요. ChatGPT를 이용하여 문진한 생활 습관과의 관련성을 고려한 결과 해석이 가능하면 좋겠어요.

Osa 저는 건강에 문제가 없어 잘 모르겠지만, 건강진단을 담당한 의사가 검사 결과에 따라 좀 더 구체적으로 권고해 주면 좋겠어요.

Ota 그래요. 아마 수천 장의 건강진단 결과를 처리하면서 개개인의 생활 상황까지 고려하기는 어렵겠지요.

Ota 그래요. 건강진단 경과에서 비만의 위험이 있으면 추가로 정밀검사를 권고하는 흐름으로 되어 있어요. 그러나 선별검사에서 검출되지 않으면 지시 받을 기회가 없어요. 또한 추가로 정밀검사를 받는 사람도 적다는 문제도 있어요.

Osa 건강검진을 받고 아무런 지시가 없으면 환자는 아무 문제가 없다고 생각하겠지요.

Ota 의사의 권한이라든지 여러 어려움 있겠지만 건강진단 시스템에 앞으로 ChatGPT 기능이 탑재되면 좋을 것 같습니다. 건강진단의 초기 권고에 충분히 사용할 수 있지요. 의사의 자원은 좀 더 전문적 부분에 집중되어야 하겠지요.

Osa 실제로 식사 교육에 대해 ChatGPT를 활용한 대화형 식사 상담 채팅※이 개발되었다는군요.

※ ‘카로밀’에서 ChatGPT를 활용한 ‘AI식사 상담 채팅(β)’이 시작되었다.

요양부담 감소를 위한 돌봄계획 작성

Osa 다음에 요양 분야의 명령문을 소개해 주실 수 있을까요?

Ota 좋습니다. 요양자 B씨의 고민에 대해 ChatGPT에게 물었어요.

명령문

60대 A씨는 집에서 생활하는 파킨슨병, 요양 3등급이며 하루 종일 거의 누워 지내고 이동에 도움이 필요하다. A씨의 60대 아내 B씨가 주로 돌본다.

요양 서비스로 주 1회 방문간호, 주 2회 통원 재활치료, 주 1회 방문목욕 서비스 등을 이용하고 있다.

당신은 이 환자의 방문간호를 제공하는 간호사다.

어느 날 B씨에게 "요양서비스를 이용하고 있지만 너무 힘들어 눈물이 난다. 내 건강 상태도 불안하다"라는 고민을 들었다.

당신은 B씨의 요양부담을 줄여주기 위해 어떤 대책을 제시해 줄 수 있을까요?

구체적으로 몇 개의 예를 들어 주세요.

간호사가 근무하는 법인그룹에는, 방문간호 이외에 노인홈, 노인요양병원, 돌봄요양, 통원요양, 방문요양, 자택요양 지원 사업소 등이 있다.

GPT

B씨의 요양 부담을 줄이기 구체적 대책은 다음과 같습니다.

1. 돌봄계획의 재평가와 수정: 우선 A씨의 돌봄계획을 재평가하여 B씨의 요양부담을 줄이기 위해 어떤 서비스의 추가나 증가해야 할지 재검토합니다.
   예를 들어 방문간호 횟수를 늘린다, 또는 방문요양 서비스 추가 등을 생각할 수 있습니다.

2. 휴식입원의 제안: B씨의 신체 건강과 정신 건강 돌봄을 위해 잠시 돌봄을 쉬는 시간을 만들기 위한 환자와 같이 요양병원에 입원하는 것을 제안합니다. 법인그룹 안에 노인홈, 노인요양병원이 있으므로 단기간의 입원을 이용하면 B씨에게는 휴식 시간을, A씨에게는 적절한 돌봄 제공이 가능합니다.

3. 돌봄관리자의 지원: B씨의 고민이나 요양부담을 공유하여 적절한 지원을 제공하기 위해 돌봄관리자를 만나면 좋겠습니다. 돌봄관리자가 요양서비스 이용의 조정이나 상담을 해줄 수 있습니다.

4. 통원 요양시설 이용 제안: 주 2회 통원하여 재활치료를 받는 날 이외의 다른 날에도 통원 요양시설 이용하는 것을 제안합니다. 이렇게 B씨가 자유롭게 이용할 수 있는 시간을 갖게 되고 또 A씨에게 새로운 자극이나 사회성을 제공할 수 있습니다.

5. B씨의 건강 점검: B씨의 건강 상태를 조사하고 필요하면 의사의 진료를 제안합니다.
또한 스트레스관리 방법이나 이완기법 등을 알려주어 B씨 자신의 건강 유지에 유용하도록 제안합니다.

Osa 이것이 돌봄계획으로 참고가 될까요?

Ota 되지요. 부족한 점이 있다면, B씨의 심신 상태에 따라 재택 요양 계속이 어려우면 요양병원 입원을 생각하지요. 그러나 ChatGPT 대답은 교과서적으로는 모두 맞습니다. **이런 돌봄계획도 앞에서 설명한 건강진단처럼 학생이 교과서를 보고 쓴 수준 정도의 대답이군요.**

Osa 명령문에 보충하면 좋을 내용이 있나요?

Ota 명령문에는 쓰지 않았지만 **A씨의 지급한도 기준액(요양보험으로 지급되는 한도액)이나 요양 단위 수 등을 설정해** 주면 더 정확한 돌봄계획을 만들 수 있겠지요. 그리고 화요일은 외래진료일이니까 외출하면 좋다든가, 무슨 요일은 부인 B씨의 외출 예정 등을 자세하게 설정하면 더 좋다고 생각해요.

Osa 조건을 구체적으로 설정하여 제시하면 좋은 돌봄계획을 만들 수 있을 것 같군요.

Ota 그렇습니다. 법인의 명령문을 일정하게 만들어 두고 거기에 추가 조건을 자세히 제시하면 좋은 계획을 만들 수 있겠다고 생각해요. 그리고 돌봄관리자가 수정하면 좋지요.

학회 초록 작성

Osa 학회의 초록 작성에는 의외로 시간이 많이 들지요.

Ota 학회 초록에서 어려운 점은 타이틀 작성이에요. ChatGPT에 부탁하면 '너무 멋있다'는 생각이 들지요.

명령문

다음은 학회에 제출할 초록이다.

조건에 따라 초록 타이틀 초안을 5개 정도 제시해 주세요.

조건

- 병원의 홍보담당자가 듣고 싶다고 생각한다.
- 50 문자 정도(마지막에 문자 수 표시)
- AI를 잘 모르는 사람도 이해할 수 있도록

➲ 우리 병원 홍보팀은 현재 관련 의료기관, 환자, 직원 등을 대상으로 홈페이지, SNS, 팸플릿 등 여러 툴을 이용하여 정보를 제공하고 있다.

대상자에게 정확하게 전달되도록 수신자의 편리성을 배려한 결과 '문자보다 영상', '영상보다 동영상'에 의한 정보 제공 요구가 해마다 증가하며, 홍보팀에는 취급하는 콘텐츠의 양이 증가하고, 제작에도 스킬과 감각이 필요하여 업무에 많은 수고가 필요한 상황이 되었다.

2022년 기계학습의 실용화와 심층학습 딥러닝의 등장에 의한 제3차 인공지능(AI) 유행이 시작되었으며 이제 ChatGPT로 대표되는 생성형AI의 극적 진화를 세계가 알게 되었다. 이 획기적 툴을 의료기관의 홍보 업무에 활용하여 효율적, 효과적이며 한편으로 지속가능한 정보 제공을 할 수 있도록 홍보팀의 업무에 AI를 활용하기 시작했다.

종래의 과제와 과제 해결을 향해 이제부터의 대처에 관하여 보고한다.

GPT

다음에 지정된 조건에 따른 초록의 타이틀 초안 5개를 제시합니다. 비전문가도 이해하기 쉬운 형태로 AI 활용을 나타냈습니다.

1. 의료 홍보의 새로운 바람: AI가 여는 정보 제공의 가능성(25문자)
2. 영상과 동영상 시대의 의료 홍보: AI를 활용한 효율적 정보 발신(31문자)
3. 홍보의 미래를 개척한다: AI가 가져오는 효과적 정보 전달 전략(29문자)
4. 현대의 의료 홍보에 요구되는 AI의 활용: 효율과 효과의 추구(28문자)
5. AI가 해결하는 의료 홍보의 과제: 새로운 정보 제공의 길(24문자)

이런 타이틀은 AI에 대해 잘 알지 못하는 홍보 담당자라도 흥미를 지니게 하여 이해하려는 생각이 드는 내용을 포함하고 있습니다.

Osa ChatGPT는 캐치타이틀 작성에 도움이 되며, '학회에 발표할 타이틀 작성'이나 '다음 샘플 같이'라고 추가 지시하면 더 좋지요.

Ota 그렇군요. 학회 초록 작성 업무는 병원에서 직종과 관계없이 의뢰받는 기회가 많아 앞으로도 사용하고 싶어요.

영상 제작 명령문 작성

Ota 다음에는 영상 제작 명령문(prompt)을 ChatGPT로 만들어 볼까요. **만들고 싶은 일러스트를 이미지화하여 영상 만들기 AI 명령문 작성을 부탁하지요.**

Osa 확실히 영상 제작 AI의 prompt는 Midjourney처럼 영어를 사용하려면 어려울 수 있어요.

Ota 이것도 ChatGPT가 자랑으로 여기는 것의 하나이지요. "이런 것을 제작하고 싶은데 이미지를 만들어줘"라고 질문하고 **대답을 영어로 고쳐 Midjourney나 AdobeFirefly의 영상 제작 AI에 입력**하지요. 영상 제작 AI를 이용하면 병원 콘텐츠(홍보지, 홈페이지 재료 등)를 모두 스스로 만들 수 있어요.

Osa **Midjourney 유료판을 이용하면 상업적 이용도 가능하지요. AdobeFirefly는 학습 데이터에 저작권이 있어 공식적으로는 상업적 이용에 제한이 되지요.**

Ota "팸플릿 표지를 만들기 위해 이런 느낌으로 써줘"라는 prompt 작성을 지금 우리 병원 홍보부서에서 시도하고 있어요.

Osa 지금까지 병원에서 디자이너 업체에 외주를 주고 있었는데, 스스로 제작할 수 있게 되었군요.

Ota 일이 없어져서 미안하다는 생각도 들지요. 그래도 내부에서 제작하면 직원의 창의성이 좋아져요. 환자 교육 팸플릿 작성도 쉬워져서 경영자로서 고마울 따름이지요.

사람 사이의 대화와 같은

Osa 우리처럼 ChatGPT를 앞장서서 사용하는 사람은 혁명이 일어났다고 느끼고 있어요. 그러나 병원 분위기를 보면, 아직 그런 느낌이 들지는 않은 것 같지요.

Ota 그런 분위기는 없네요. 그러나 법인 내 2-3명쯤의 직원은 대단하다고 느끼고 있어요. 회의록 작성에는 시간이 많이 걸리지요. 음성을 녹음하여 문장을 만들고 ChatGPT를 사용하여 교정해요. 이런 흐름이 보급되면 좋겠어요.

Osa **회의록 작성의 경우에도 ChatGPT를 사용하기 시작하면 근무 시간을 크게 줄일 수 있을 것**으로 생각해요.

Ota 그렇지요. 우선 법인 본부에서 꼭 필요한 부분이지요. 그리고 방문간호나 사무 업무도 줄일 수 있다고 생각해요.

Osa **병원 행정업무의 부담은 줄고 환자의 만족도도 좋아질 가능성도 있을 것**으로 생각하지요. 특히 앞에서 설명한 건강진단 결과를 더 자세히 설명할 수 있겠지요.

Ota 그렇지요. 건강진단 결과 설명은 현재 형식적이라고 할까 조금 일률적이기도 하지요.

Osa 오늘 대담에서 새로운 발견한 개념은 벽치기였어요.

Ota 벽치기가 흥미로웠다는 것은 의외이군요. 벽치기 대화는 매우 성실한 데키스기와 함께 사회적 문제를 이야기하는 느낌이랍니다.

Osa 경영자는 항상 고독하며, 사회나 경제 상황에 대해 누군가의 의견을 듣고 싶다는 것이군요. 혼자 사는 노인이 장차 ChatGPT 같은 AI를 대화 상대로 할 가능성이 있네요.

Ota 그것도 해보고 싶네요. "뭐 재미나는 이야기를 해줘"라고. ChatGPT를 사용하면서 느낀 것이지만 **ChatGPT에 명령문을 보내는 방법은 커뮤니케이션에 정말 좋은 훈련이 되었어요.**

Osa 아, 그래요.

Ota 사람 사이에서도 무엇을 전해도 제대로 된 대답을 듣지 못하는 일이 많지요. 무엇인가 없는 것을 물으면 전혀 대답을 들을 수 없거나 전혀 다른 말을 들어 화가 나는 일이 가끔 있지만 그것은 묻는 쪽의 잘못이지요. ChatGPT에서도 이렇게 물으면 이렇게 대답한다는 훈련이 되어 있는 것으로 생각해요.

Osa **ChatGPT에 Google 검색처럼 단어만으로 물으면 종잡을 수 없는 대답을 듣지요. 사람 사이의 대화에서도 같지요.**

Ota 그래요. 자신이 전혀 모르는 데키스기를 ChatGPT에 질문하려면 무언가 전제가 있어야 한다고 생각해요. 어떤 명령문으로 하면 데키스기가 이해할 수 있을지 생각하여 명령문을 쓰면 좋지요. 대인관계에서도 이런 대화법을 이용하면 직장에서 커뮤니케이션이 더 좋아질 것이라는 생각이 드네요.

Osa **환자가 ChatGPT를 본격적으로 사용하기 시작하면 붙임성이 없는 의사가 말을 별로 하지 않으면 ChatGPT에게 미리 의견을 듣는다는 경우도 생길지 모르겠네요.**

Ota 그렇지요. 긍정적 대답을 ChatGPT에게 듣고 그 후에 의사의 의견을 듣는 모습이 앞으로 나타날지도 모르지요. 반대로 말해서 의사의 커뮤니케이션 능력이 더 요구되는 시대가 되었다고 생각해요.

Osa 병의 예측이 주목받고 있지만, 전자의무기록과 ChatGPT의 연결은 기술적으로 어려움이 많지요.

Ota 그래요. 전자의무기록을 클라우드 형태로 바꾸는 중에 ChatGPT가 탑재될 수 있겠지요. **AI 문진 시스템이 문진 결과에서 진단하는 것의 정밀도가 크게 올라가고** 있어요.

Osa **AI 문진 시스템은 환자에게 들은 정보뿐이니까 제한적이라는 느낌이지요. 전자의무기록에 있는 검사 결과와 문진 정보를 조합하면 병명 예측의 정확성이 크게 향상될 것으로 생각해요.**

Ota 오타기념병원은 NOBORI라는 건강진단 앱을 도입하고 있어요. NOBORI에 AI를 연결하면 영상이나 검사 결과와 문진 정보를 조합하여 병명 예측이 가능하게 될 것 같아요.

Osa 지금까지 의료기관의 디지털화는 설비 투자가 필요하여 제한점이 있었어요. 그런데 ChatGPT는 월 22달러이기 때문에 중소병원, 의원에서도 투자가 가능해요.

Ota 그렇지요. GPT-4 유료판으로 사용할 수 있는 기능이 많이 있지요.

Osa 확장기능이나 새로운 기능을 사용하기 위해서 유료판 구입이 필요해요.

Ota 일손이 부족한 의원에 정말 도움이 되겠군요.

Osa **의원에서 전자의무기록이 클라우드 형태이면 병원보다 잘 활용할 수 있을 것 같은 생각이 듭니다.** 오늘 바쁘신 중에 시간을 내주셔서 감사합니다.

Ota 저야말로 감사합니다.

Ota Akiko 약력

사회의료법인 상화회 후쿠야마 뇌신경의학연구소 연구원.

보건학박사. 병원, 행정, 방문간호 스테이션의 간호사를 거쳐 현재 상화회의 오타기념병원, 클리닉, 요양병원 등의 경영에 종사. 오타기념병원에서 NO-BORI(의료정보를 스마트폰에 저장), NEXT Stage ER Cloud(클라우드 형태로 구급대와 정보 공유)의 실험 등 디지털에 관련한 대처를 시행하고 있다.

마지막으로

과거 장기를 두려면 사람 기사가 제일 강하였고 AI는 단순한 툴이었다. 그러나 이제 AI가 사람을 넘는 수준에 이르렀다. 그러나 사람 사이의 대국을 보면서 마음을 설레게 하는 감각은 AI의 기술적 발전으로 결코 옮겨놓을 수 없다.

ChatGPT에 의학 질문을 하면 잘못된 대답이 나올 수 있어 아직 신용할 수 없다고 말할 수 있다. 이것은 어디까지나 2023년의 이야기이며, 앞으로 AI가 대량의 정보로 학습을 진행해 나가면서 장기에서처럼 몇 년 안에 전문의 수준의 지식에 도달할 것이다.

이 책에서 말하고 싶었던 것은 AI가 사람을 대체하는 것이 아니라 사람의 작업을 도와주어 사람의 능력을 높일 수 있다는 것이다. ChatGPT는 병원과 요양병원 현장에서 일하는 사람들의 도움이 되고, 의료 전문가가 좀 더 중요한 업무에 집중할 수 있도록 해주려는 툴이다.

AI가 의사나 간호사의 지식을 넘는 날은 장기에서 그랬듯이 정말 올 것이다. 그러나 환자는 의사가 판단해 주기를 바라고 간호사가 처치해 주기를 바란다. 그리고 요양직원의 돌봄을 바란다. AI가 발달할수록 의료나 요양 종사자의 본질이 무엇인가를 생각하게 될 것이다.

AI에 일을 빼앗기면 어떻게 할지 걱정하는 것이 아니라, AI를 어떻게 이용할 수 있을지를 생각해야 한다. 전문 장기 기사는 평소 AI와의 대국을 통해서 다른 기사가 생각하지도 못한 방식으로 기물 쓰는 방법을 항상 연구하고 있다. 이처럼 병원이나 요양병원에서 AI를 이용하여 사람이 더욱 할 수 있는 것을 제공해 나간다. 그런 미래가 올 것으로 생각한다.

이 책의 제작에 여러 직종의 감수를 받았다. 의학적 설명에 대해 모리모토 신노스케 의사, 간호는 누와자와 사치코 간호사, 영양은 타카사키 미유키 영양사, 저작권법은 세이지 겐지변호사 등 여러분의 도움을 받았다.

또한 2-4장의 대담에 참여해 주신 여러분, 그리고 전체 구성에 도움을 주신 스도우 나츠키 씨에게도 감사 말씀드립니다.

마지막으로 집필 기회를 주신 일본의학출판의 와타나베 신타로 씨에게 감사 말씀을 드립니다.

2023년 7월

오사 에이이치로

저자 소개

오사 에이이치로

의료경영에 특화된 동일본세무사법인의 대표. 공인회계사, 세무사 이외에 응급구조사 ACLS 자격이 있다. Web2.0 시대부터 SNS에 의한 정보전달을 적극적으로 시행하고 있다.

Facebook, X(예전 Twitter), Note, LINE 등에 텍스트를, YouTube에 동영상을, Stand.fm에 음성을 전달하고 있다. 이들에 ChatGPT라는 AI를 사용하고 있다.

업무의 모토는 '환자 관점의 의료경영'이며, 병원이나 요양병원의 체험 견학을 중요시하고 있다. 일본뿐 아니라 외국에도 방문하여 거기서 얻은 체험을 강연 SNS 등으로 전하고 있다.

병원 · 요양병원에서 ChatGPT 바로 쓰기

2024년 8월 10일 인쇄
2024년 8월 17일 발행

저자 | Osa Eiichiro
역자 | 김영설

임프린트 | 도서출판 대한의학
발행인 | 신은주
책임편집 | 서선영
출판등록 | 2003년 9월 27일 제 25100-2014-000011호
발행처 | ㈜에스앤씨퍼블리싱
주소 | 서울특별시 구로구 디지털로 288 대륭포스트타워1차 1209호
전화 | (02)921-0653
e-mail | medbook2000@daum.net
홈페이지 | www.dhmbook.co.kr
www.medbook.co.kr

정가 | 20,000원
ISBN | 979-11-5590-280-6 93510

BYOIN · SINRYOJYO · KAIGOSISETSU MUKE ChatGPT JISSEN GAIDO
Text by Osa Eiichiro